紫微攻略

5

愛情

從紫微斗數命盤看懂自己的情場攻略！

大耕老師——著

目錄

Chapter 3

紫微斗數命盤中隱藏的愛情吸引力

目錄

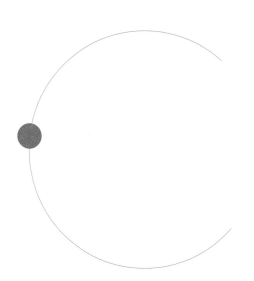

推薦序 1

Tina Liu

資深景觀建築師、
TEDx speaker、
Communities In Bloom 國際評審

如果你對兩年前的我說，我今天在學紫微斗數還上風水課。我應該會覺得是天方夜譚、胡說八道！這……怎麼可能呢？

在成長的過程中，我居住過不同的環境、接觸不同的歷史文化、學習不同的風俗習慣。就連不同宗教的學校，天主教、基督教、佛教、道教我都唸過。可是對於宗教，我並沒有任何傳統觀念的束縛。家裡長輩想去廟裡拜拜會帶著我；鄰居小孩去教堂主日學我也可以跟著；直到今天我還是可以一字不漏地背出《太上道祖頌》！真的，不騙你！

可是長大以後，我還是沒有宗教信仰。因為根據我粗淺的理解，每個正統的宗教都是教人向善的，所以因果輪迴、善惡果報的概念，從來不會影響我。我只管做個好人，做我該做的事，幫我該幫的人。如果常常要計算著我該付出多少又該得到多少，那麼人生就太累了。

所以，在國外生活了二十多年的我，從來沒有想過要去算命。奇奇怪怪的人生經歷讓我學會了享受生命中大大小小的驚喜，如果事事都在預料之中，那生活也未免太乏味了。

二〇二〇年聖誕前夕，一個多年不見的老朋友突然與我聯絡上了。他是一個主觀意識很強、鐵齒的人。他居然和我說他學紫微斗數十幾年了，認為我應該也會有興趣。我的專業是做設計的，我的興趣很多也很廣泛，我喜歡東南西北都學一點，沒事研究一些我覺得新奇有趣的東西。他介紹了幾本斗數的書給我，老實說，異常的八股艱深。對於很久沒有接觸中文字的我，光看目錄已經興致索然，哪兒來的趣味呢？

好吧，看文字很吃力，可能看影片會好一點。我在 YouTube 找了一些紫微斗數的教學影片，可是絕大部分都很冗長無趣，用詞也很老套武斷。對我來說，大概催眠的成分比較多。本來沒有想要再看下去了，卻無意中點進了一個影片，這個老師講話節奏很快，他講的國語我比較聽得懂，而且講解的方法很獨特，中間夾雜了一些我不太懂的笑話，可是感覺又好像很有道理，越聽是越有趣。疫情期間都待在家裡，每天也習慣了看他的影片打發時間。也不知道為什麼，突然想認真地學起來。我想，要學就要學好，光靠看影片不知道要摸索多久才能得其門而入。所以乾脆報名大耕老師的線上課程。誰知道初階班上完以後，回看兩本我手寫的筆記，這幾個月所寫的中文字大概比我這輩子寫過的還要多，我想我應該從來沒有像這樣認真地讀書過吧！

我自己也曾經很費解，像我這種 happy-go-lucky 的個性，為什麼會對紫微斗數感興趣呢？我想剛開始的時候純粹是因為好奇，我應該是被這種多維度的思考模式吸引了。我喜歡釐清交錯的思緒，然後理解相互之間關係的影響，就像各個宮位之間的拉扯權衡，我覺得更加深了我對人生的理解。現代紫微斗數，不是宿命論，而是知命卻不認命。看懂了盤象，我們就可以有所準備，或是想一些對應的方法趨吉避凶，進而更自信地掌握自己的生命。一年多的學習下來，已經不僅僅是為了個人興趣了。除了能夠幫助身邊的家人朋友解疑釋惑，甚至可以回饋社會。我深深覺得這門學問如果用法得宜，心存善念，對於社會大眾的幫助可以很深很廣，很有力量。

因為工作的關係，我經常到世界各地當社區評審或是參與相關專業的研討會，接觸到各種各樣的人，什麼國籍種族膚色語言的都有。沒事幫身邊的人看看盤，成為了我茶餘飯後交朋友的伎倆。每次講到紫微斗數，他們通常跟西方占星學聯想在一起，加上西方社會和華人傳統文化與觀念畢竟有差異，有些外國人朋友剛開始會抱持一種半信半疑的態度，有些卻非常的 open-minded。我習慣先從本命盤的個人特質開始論，因為一般人都會覺得自己很了解自己。當我在完全沒有背景資料的情況下說出他的個性特質、與家人的關係和他在乎的人與事。通常不出三句，對方就會目瞪口呆，驚訝得開始不停地問問題，然後越來越多人有興趣想靠過來聽，尤其是那些本來很不以為然的人。其實幫外國人論命還真的是挺有趣的。

最近我和義大利的翻譯員 Martina 聊起了紫微斗數，我分析了一下她的本命盤，她已經覺得很訝異了，然後我問她：「最近才剛結婚嗎？」她突然瞪大了眼睛看著我點頭說：「對……上個月……。」我微笑看著她，她不停地說：「This is crazy!!」，她說我竟然那麼了解她：「You are my family now!」

還有一次在米蘭，我租的房子很有文藝氣息，我在那裡寫作畫畫都特別順心。原來房東是米蘭劇團莎士比亞劇目的演員，經常巡迴歐洲演出。我講到斗數，他非常好奇。讓我幫他看一下盤，我提到了他一些感情生活的糾結，旁觀者清，順便開導一下。他覺得實在太神奇了！他說：「Whatever it is, it's certainly magical!」

替外國人論盤，是不是很有意思？

愛情攻略是大耕老師的第八本著作。感情世界影響了很多成年人大部分的人生，也是來論命的人最關心最常問的問題，有對象、沒對象、有外遇、沒外遇、想外遇、劈腿的、被劈腿的……等等。了解自己的感情世界，明白對象的感情觀，進而能夠更加用心，懂得去經營自己的感情，讓你與你的伴侶走得更近、走得更遠。

When life throws you lemons, make lemonade.

you can make a pink lemonade, or even better, make a gin & tonic!

後記：大耕老師找我寫序的同時，正值夏天我當社區評審的期間。這一篇文章我從加拿大、比利時、德國寫到義大利，在時差的煎熬、工作與慣性拖延之間才分段完成。衷心感謝老師和編輯團隊的諒解與包容。學會能在短短幾年間達到今天的規模，有賴大耕老師和學長姐們的堅持與努力，能夠盡一份力，我當然也義不容辭，再忙也得把任務完成。祝福會務蒸蒸日上，造福社會！

推薦序 2

汪春龍
駐紐約攝影師、視覺藝術家

在二〇一七年末，我探訪一位頗有盛名的紫微斗數大師。在此之前，自己本身已對紫微斗數頗感興趣，也有些研究，那時我對一項重大投資有些疑惑，然而盤上的跡象卻不是很明確，帶著沈重的心情，希望這位大師可以為我指點迷津。

大師一看到我的盤就直接和我說沒問題，明年或後年投資就會獲利，因為我二〇一八年流年財帛官「天梁化祿」，老天爺會送錢。我聽到後，當即放下心中大石，期待二〇一八年的到來。然而那項投資讓我損失慘重，我也開始對紫微斗數的準確度產生質疑，難道我的命盤上就沒有任何跡象能事先警告我嗎？

在二〇二〇年末，機緣巧合下我看到了大耕老師的影片，對他解釋引動宮位產生了興趣，我隨即購買老師全套紫微攻略書籍，在家啃讀。讀完後我再看自己二〇一八年的命盤，盤上一切被引動的宮位令我目瞪口呆！如果當年我或是那位大師有拜讀過大耕老師的書籍，對盤的解讀將不會流於表面，讓我錯過避免損失的機緣，無奈為時已晚。

我立刻報名大耕老師的紫微課程，在上基本課程時，我請大耕老師與我論命，老師看了我的盤，第一句話就說：「你這個大限很不順呀！」我在心裡微笑，心知跟對了老師。

從基本班、進階班、高級班到職業班，在老師一年多的嚴峻的指導下，我對紫微斗數有更加深層的領悟，同時欽佩老師努力不懈地讓紫微斗數現代化，讓普羅大眾對其有更準確的理解，不從迷信的角度來看待這門學問。

《紫微攻略5》是關於愛情，我來例舉一些例子。當我替A、B、C三位命主論命時，發現他們的盤上都有外遇徵兆，且有引動和化科（被發現）的跡象，我提醒他們要慎重對待此事，命主A矢口否認；命主B默不作聲；命主C回答已經是過去式；我心想難道我栽了跟斗，論不準？

數月後，這三位命主陸續向我求救，命主A的外遇被妻子逮個正著，鬧著要離婚；命主B的情人持續一哭二鬧三上吊，鬧得他六神無主；命主C終於承認有位外遇多年的對象，他擔心紙包不住火，被妻子發現。他們都非常驚訝盤上能清楚地顯示這些跡象。

彼時我正在進階班，剛上完有關夫妻宮的課。大耕老師談論「夫妻宮」的宮位時，徹底展現出他的獨特之處。「夫妻宮」說的是命主的感情態度（本命盤）和狀況（運限盤），而這裡並不是在討論命主的伴侶；先瞭解命主的感情態度和狀況，繼而觀察「夫妻宮」的三方四正，從中了解命主在感情裡的內心世界（對宮）和周遭（三方）的影響力。老師準確地指出命主當下對感情的執著和觀點，而這些細節又會如何促使命主去做出哪些行為與決定，進而導致現象的產生。大耕老師絕不單宮單星論，而這恰恰展現出老師能夠多方面地思考，和我之前遇到的紫微斗數大師相較，又是不同的深度和層次。

大耕老師的教導方式明確易懂，傾囊相授的教法讓我受益匪淺，相信老師的《紫微攻略5》也一定會讓大家對愛情有更深一層的領會，在遇到困境時能有相當的應對能力，恰如執導一部自己人生的電影，能在對的時候適當地修改劇本，畢竟又有誰會想成為悲劇的主角呢？就如老師常說的：「即使遇到『擎羊』也要懂得把刀握在自己手裡！」

汪春龍，駐紐約攝影師兼視覺藝術家，是唯一獲得新加坡總統設計獎的攝影師。他執導的兩部藝術電影都成功入選在鹿特丹國際影展展映。他的著名作品「家。當我們不在一起」也曾在世界各大博物館展出。在二〇一四年，他被亞洲隱形攝影師（Invisible Photographer Asia）選為亞洲三十位之一最具影響力攝影大師。

作者序

感情有風險，戀愛前請詳閱紫微斗數說明書

無庸置疑地，愛情絕對是命理業諮詢服務中最常出現的問題，畢竟這是人生大事中，一個自己努力也不見得會有成果的項目。

我們常可以聽到各類商品依照法規必須在廣告之後補上一句「投資有風險，請詳細參閱公開說明書」，目的就是為了宣傳自家商品有多好的時候，還要撇開法律責任，如果有問題賠錢了，那也是你自己心甘情願的事情喔！可見得，任何投資商品過去的績效、未來精心規劃的展望，都無法保證你一定會獲利。（排除掉詐騙的

金融商品之外，即使是巴菲特的投資公司也不敢百分百保證獲利。）連這類經過精密計算的產品都沒有一定的保證，更何況是愛情這種無法量化計算的投資。但是我們卻往往希望愛情能夠得到保證，好讓戀情被自己掌握，因此，命理師的建議跟指引就成為許多人渴求的方向。

一直以來都有粉絲和網友希望我可以寫關於愛情的書籍，畢竟我對於夫妻宮的看法，跟傳統的命理師的見解截然不同，這樣的不同見解源自於：我相信命理學的產生必然是人類社會中最貼近生活現況的分析，需要依照真實的情況去看待，因為只有如此才能跳脫出因為時代不同，各地區文化不同，而產生的各種人為因素介入的價值觀差異。

命理學必須是理性且客觀的，但是後人因為悖離邏輯，而往往陷入因為各類文化因素或是政治價值操作的錯誤解讀中，造成許多人算了命反而問題更多，沒有得到解答反而人生更迷惘。例如許多人以為自己本命盤的夫妻宮，就表示自己一生的姻緣狀態或自己的終身伴侶，就連很多開業命理師都有這樣的說法跟論點。事實上，不能這麼概括論定。

想想看，我們從小到大喜歡的類型難道都沒有改變嗎？現實的狀況是，我們很可能因為年紀不同或是身處的國家不同，對待感情的態度就會不同。就像是一個因為老公外遇而離婚的女人，當年罵死了那個介入家庭的狐狸精，但是幾年後自己卻可能成為另一個男人的小三，成為那個自己曾覺得罪不可赦的角色。或者是一個過去十分乖巧努力向上的男人，卻忽然成為大家口中的渣男。這樣的故事在我們身邊隨處可見。如果永遠從本命盤的夫妻宮論感情，要如何解釋人在感情中會有這麼大的轉變呢？

我相信命理學應該是要來幫助人的，一個好的學問要如同物理學定律一樣，能夠放諸四海皆可以通行，能夠被使用在任何的文化跟時間中，所以我將許多傳統上的論點抽絲剝繭之後，透過整理跟交叉比對，重新還原這些「被人為操作過的學理」，讓它們重新呈現真實的面貌，如實地反映人生。唯有如此，命理學才能夠成為找到每個人內心需要的幫助。

我也相信，一切需要回歸內心，否則任何的技術都是虛幻的。就如同你給一個期待心靈平靜的人一台超跑有什用呢？或是你叫一個期待人生大鳴大放的人要安貧樂道，他遲早會受不了的。命理學是一種幫助自己的工具，使用的時候就要先知道自己需要的是什麼，這也是為何許多人覺得我對命理學跟紫微斗數的想法與別人有巨大差異的原因。我相信任何的學術技巧都要回歸人心去看待，這樣的觀念也可以用來檢驗自己所學是否正確，因為如果不是在符合人性下所產生的學理，就絕不可能流傳那麼久。

我曾有個客人，一直與前夫糾纏不清，問過四位仙姑、七位老師，最後的答案都是「妳跟他前世有因緣糾葛」，或者「妳的夫妻宮就是這樣，這是妳這輩子的功課」。我問她：「難道妳沒有試著跟前夫切斷關係嗎？」她說有，但是前夫總是可以找到她，總是可以糾纏她。她找了許多人幫忙（包括四位仙姑七位老師）都沒有用，家裡還放了關刀要斬桃花。我再問：「那請問妳找過警察嗎？」她愣了一下，問我警察可以斬桃花嗎？

警察當然無法斬桃花，但也可以說警察當然有辦法斬桃花。一個人一直糾纏你，如果他是個陌生人，你不會去找警察嗎？為何沒有找，那是因為自己餘情未了，心還有所念，否則一個已經分開的人基本上可以視為陌生人，尤其當你覺得他已經侵犯了你的生活，找警察的效果應該會比找關公好一點。這個客人一瞬間清醒，現在再嫁作人妻，生活美滿。

這本書是一直被催促跟期待的書，一直沒有動手寫是因為我覺得感情其實就跟投資一樣，自己要看清楚以及要能夠停損，道理直接而簡單。但是開業多年後我發現，也許在算命諮詢中，我個人對於來問感情事的人，總是想一針見血地想點醒眼前人的執迷，卻往往讓人覺得我的回答太簡單，但是在書籍文字中，或許我可以換個角度來跟大家討論感情的觀點，從一些真實案例和命理學中前人累積的經驗，以及藉由命理學中常常被誤導的問題中，一步步釐清我們該如何看待自己的夫妻宮，看待自己所需要的愛情。

前導1

談愛情之前，你需要先理解自己的需要

關於愛情，先說答案。戀愛，是為了比單身時幸福，而不是為了結婚。結婚只是過去的封建年代中，男人為了綁住女人而設下的圈套，長年的洗腦讓人覺得愛要結婚才完美。其實現在大家都能理解愛情並非利用結婚的法律就能約束彼此，只是在觀念上，我們往往覺得一定要有個人在身邊，人生才圓滿。其實，動情之前應該先動腦，先了解自己所需要什麼樣的愛情，進而找到適合的對象以及適合的相處方式，而非社會大眾認同的相處方式跟對象。

如果你愛的人是要能隨時陪伴在身邊，隨時了解你的需求，或許這就是你對待感情的重點，那麼你可以依照自己的需求，很清楚地尋找適合的人。但是如果希望對方可以隨時陪伴，又希望他是霸道總裁，事業飛黃騰達，通常就會有困難，畢竟人的時間有限，事業與愛情很難同時兼顧，就像要一台車子的速度跟超跑一樣快，卻又要像卡車一樣可以載東西，這就往往會變得四不像了。甚至有些人還要求外貌、學歷跟家世背景，唯一沒有要求的，就是自己到底有沒有足夠的條件去追求。

每個人都有權利追求心中夢想的愛情，希望跟外星人戀愛都不是問題，但問題就在於自己沒有設定這事情的成功率有多少。如果不討論成功率，單純只著重夢想的追求，其實也不用算命了，反正追求就好了，可惜人往往築夢卻不踏實。多數人之所以探究命理，通常只是要拿來為自己的人生背書，結果卻感到自己的命越算越薄，神明拜越多運越差，為什麼呢？因為我們心中的價值觀往往受到外界環境跟周邊朋友的影響，以致於自己不願意或者不知道該怎麼樣找到適合的方向。唯有回頭來看自己內心的期盼，並且能夠堅持住自己想追求的愛情價值，務實地完成，才能夠找到屬於自己的愛情，找到真正適合自己的另一半，而不是別人口中的良人，或被社會上認可稱讚的佳人，否則日後也只是徒增內心空虛寂寞覺得冷。

所以，本書將為大家分析紫微斗數中的夫妻宮所代表的意義和狀態，解說在命理學中有哪些其實是社會環境給予的人為價值觀，以及紫微斗數做為一門最貼近人心的命理學，對於感情的看法是什麼，而我們可以如何利用紫微斗數找到內心真正的需求，甚至了解身邊的人內心的需求，幫助自己理性判斷在感情中所該扮演的角色與展現何種能量，並且搞清楚哪些感情是該堅持的，哪些其實是可以停損放棄的。

當然，感情有很多非理性的成分，有各種非自己能夠控制的變因，更別說在現今社會中，男女關係不如以往單純，開放的感情觀讓人覺得「不被愛的才是小三」，搶人老公老婆不必有太多顧慮。這是男女關係的束縛被打開的時代，愛情的風險當然也跟著增加，雖然愛情的墳墓像監獄，但監獄畢竟是銅牆加鐵壁，而自由的世界像奔放的草原，當猛獸出現時，也可說是危機萬分，無處可躲。因此，這本書還會探討在愛情中我們會不自覺地受到情緒影響而做的「狠事」與「傻事」。例如為什麼總有些人會讓我們無由來地總是無法拒絕他，明明他並非自己客觀認定的好對象，但卻似乎總是為這類人蹉跎青春。書裡會介紹紫微斗數中對於愛情問題的各種好用技巧，讀者可以知道自己是如何受到對方的影響。

書中也會分享經典案例，讓大家了解一些有趣而特殊的故事，它可能是很美好的愛情故事，但不見得是長相廝守的典範。人生中有一位可以陪伴著走一段的旅伴，有時候像導遊，有時候像夥伴，有時候像是需要我們照顧卻又因此成長的同伴，每一個部分都會增添我們人生的精采。夫妻宮說的，一向不是自己的老公或老婆，而是生命中一段重要的感情依託與呈現，但無論呈現什麼樣貌，都需要用心、用腦、用自己的生命，才能享受愛情。

前導2

誤會大了，夫妻宮不是代表另一半?!

紫微斗數是近代才完成的命理學系統（正式完成在明朝中葉。整體系統完備與大幅度在皇室中被使用是在清朝中葉），因此十二宮位的名稱相當明白而直接，並且用表格式與圖像化呈現命盤。以命盤上十二宮位各自代表人生中各項生命構成的要素，讓人方便照表解釋，例如：夫妻宮很清楚地表示了一個人的感情態度跟價值觀。但是這樣簡單而直白的呈現也有個小缺點，「夫妻」兩字會讓人直覺地認為就是代表另一半，事實上卻不是如此。這也是華人處理命理學問時一個不好的小習慣，就是會藏一手，讓你看起來明白卻摸不到真正的祕訣，事實上，所謂夫妻宮說的是自己對感情的價值態度跟狀態，而非指另一半。只是因為感情狀態很多時候都包含了另一個人，於是讓人很容易直覺地把夫妻宮等同於另一半。

很多人、甚至是很多開業命理師、媒體名師，在討論夫妻宮的時候都直接解釋是另一半、是代表人生伴侶的宮位。尤其在媒體的宣傳下，更加讓人對於命盤的解讀與實際狀況產生很大的落差。因此，在用命盤探究自己的感情時，第一個重點就是要知道夫妻宮代表的是感情價值觀與態度，並非自己的另一半。第二個重點是紫微斗數有所謂「本命」跟「運限」的命盤，通常我們利用電腦排盤軟體排出來的那張命盤（紫微斗數的排盤是一套標準化公式，只要利用軟體，簡單輸入生辰之後，就能排出屬於自己的命盤，而非如許多坊間強調要自己手動排盤才能學會解盤。就像你總不會認為要自己會抽血才能看懂血液檢查報告吧。），我們稱為「本命盤」，本命盤上各類宮位通常代表我們對那個宮位的態度跟價值觀，所以本命夫妻宮代表的是自己對感情的態度與價值觀。至少大家應該可以理解，我們總不可能一出生就為情所困吧！

而運限盤說的是我們在各個時間點、不同年齡層，人生價值觀的變化，以及發生的事情。運限盤包含了代表十年光陰的大限命盤，還有代表了每一年外界對我們產生影響的流年命盤，以及代表我自己每一年想改變而造成人生變化的小限命盤，當然還有代表每個月跟日的命盤，不過因為此非本書主軸，就不多提，有興趣的朋友可以上我的免費教學頻道收看影片即能有進一步了解。

無論是這個十年我因為人生的成長而造成價值觀的轉變，因此讓自己跟過去有不同的選擇而產生的現象，或是因為今年整體環境讓我產生了生命中的變化，透過這些不同的運限盤組合，才能真正看出自己的感情狀況。畢竟二十歲愛的男人和三十歲、四十歲時愛的男人類型可能都不一樣吧！甚或到了五十歲，也可能改變性向。

所以，當我們討論感情，而且希望用命理學來幫助我們的時候，要先了解紫微斗數對待感情的基本觀點為何，才不會反而因為算命卻弄錯方向，就像拿刀切菜也該知道刀子怎麼用，免得拿著關刀削蘋果皮，沒削好還拉傷自己的背。

國際紫微學會
排盤連結

國際紫微學會
教學頻道

Chapter 1 ♡

從紫微斗數的
愛情基本宮，
看出你的愛情基本功

1 感情的組成不是只有愛情的成分：夫妻宮的三方四正

我常說紫微斗數的基本原理結構是最貼近人生百態跟現實生活的，我們甚至可以透過紫微斗數來審視自己忽略的內心狀態。除了前面提到，紫微斗數有各種運限的命盤來解決時間對我們人生態度的影響之外，還有一個很重要的觀念——三方四正。「三方四正」轉成大白話的概念就是：生命中的任何一個相處關係、任何一個影響我們的事物，都不會單獨存在。例如，代表工作的官祿宮，不只是工作而已；代表愛情態度跟價值觀的夫妻宮，也不會只代表愛情。每一個宮位其實都是由至少四個宮位組合而成。（在我們的菁英班課程中，會說明十二宮彼此是連動的，因為人生的任何一個現象與決定其實都不會是單獨的存在跟發生，不過在此我們先理解四個宮位就可以。）而夫妻宮的三方四正，即為：官祿宮、遷移宮、福德宮，並且這些宮位所代表感情的狀態都有本命與運限之分。

即：

本命夫妻宮、大限夫妻宮、流年夫妻宮、小限夫妻宮

本命官祿宮、大限官祿宮、流年官祿宮、小限官祿宮

本命遷移宮、大限遷移宮、流年遷移宮、小限遷移宮

本命福德宮、大限福德宮、流年福德宮、小限福德宮

本命遷移宮
我的內心想法、我展現在外的樣貌、別人對待我的態度。這些因素連帶影響我的人際關係跟人緣。有了好的人緣，當然就比較容易產生較多的異性緣。

大限遷移宮
這十年之中，我身處的環境、我的人際關係、我內心對自己的期待，影響了我對感情的態度，進而產生我的感情狀態。假設我是位偏鄉的國小老師，每天面對的都是一群小朋友，那麼即使我的夫妻宮有滿滿的桃花，大概也沒什麼發展機會。或者說我在這十年，內心只想著賺錢，而且是努力認真那一種，這也會影響我的感情狀態，畢竟感情是需要培養跟照顧的。

小限遷移宮
這一年中，我的內心小劇場造成人際關係變化，影響了感情生活。

流年遷移宮
外界環境在這一年影響我的生活環境轉換，或是內心想法影響我對感情的態度，造成了我的感情現象。

圖一／夫妻宮三方四正圖之夫妻宮、遷移宮

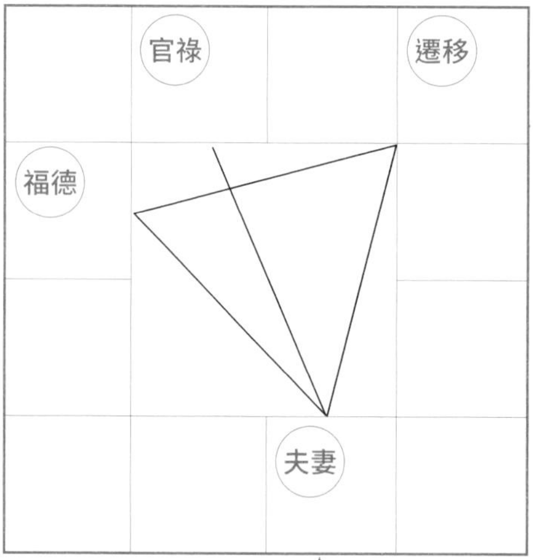

本命夫妻宮
對感情與生俱來的態度、希望在感情中扮演的角色與樣貌、希望找到的對象類型。

大限夫妻宮
在這個十年，我的感情態度價值觀，和希望在感情中扮演的角色，以及我與感情對象的互動方式，與會找到的對象類型。

小限夫妻宮
今年之中我對感情的態度，決定了在情感上的選擇。

流年夫妻宮
外界環境影響了我今年的感情變化。

本命官祿宮
我喜歡的對象類型，以及我在情感上展現出來給他人的感覺。

大限官祿宮
我在這十年會遇到的對象類型，以及他的長相、工作等等。

小限官祿宮
今年伴侶在我心中的樣子（當然是針對有伴侶的人而言）。

流年官祿宮
我今年會遇到怎樣的對象（當然也是要在今年有遇到才算）。

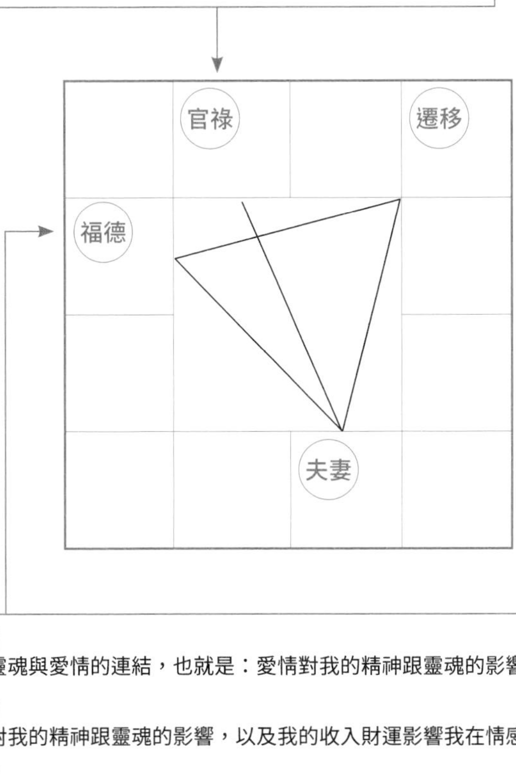

圖二／夫妻宮三方四正圖之官祿宮與福德宮

本命福德宮
我的精神跟靈魂與愛情的連結，也就是：愛情對我的精神跟靈魂的影響。

大限福德宮
這十年愛情對我的精神跟靈魂的影響，以及我的收入財運影響我在情感中的狀況。

小限夫妻宮
這一年我的精神與財務消費方式影響了我的愛情生活，或者說，我覺得感情狀態在這一年如何影響到自己的心神。

流年夫妻宮
外界環境在這一年讓我的精神心靈受到愛情的影響。

夫妻宮三方四正的宮位，表示我們的感情狀態其實受到官祿宮、遷移宮、福德宮的影響。我們也可以因此了解自己以及另一半在感情中真正需要的是什麼，幫助自己釐清感情對我們的影響。凡此種種，我們常是在感情跌跌撞撞之後才慢慢摸索出來，也總是忽略了愛情不只是男女關係，更是我們的人際關係、生活態度、精神與靈魂追求的綜合展現，這正是為何許多人在很久以後時間才發現，與自己喜歡的人一起生活後往往不如人意。因為在彼此互相迷戀的時候，我們只看到了夫妻宮的部分，以為只受到夫妻宮影響，卻忘記了夫妻宮的真正組合，或者說自己對感情的真正期待與追求，夫妻宮（愛情）是一個綜合性的人生目標。當愛情的衝動如浪潮消散，其它宮位的影響就如同海底礁石浮現，可能是美麗的海底珊瑚，也可能是可怕的尖石或消波塊。

2 夫妻宮說的不是你的夫或妻

很多人不知道，大約在清朝中葉以前，紫微斗數的命盤上，男生的命宮三方四正是命宮、官祿宮、財帛宮、遷移宮（圖三），但女生的卻是命宮、遷移宮、夫妻宮、田宅宮，這種落點其實無法正常畫出三方四正，但是在討論女生命盤的時候卻使用這樣的方式。這是因為古代認為女人的人生重點是家庭跟老公。後來隨著時代演變，清朝中葉之後女權逐步提升，進展到民國年間，才逐步改變成男女的命盤都一樣。

圖三／男生命宮三方四正

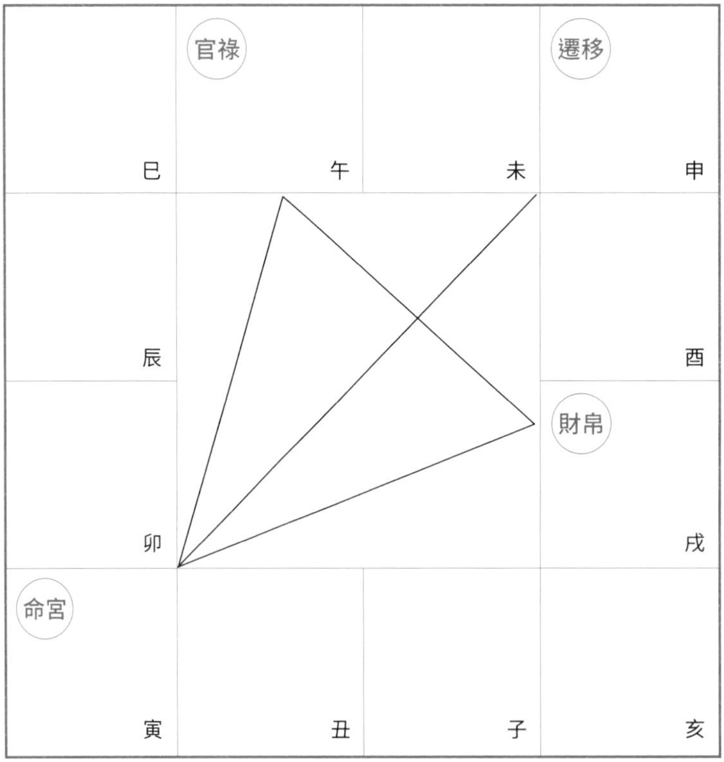
官祿
遷移
巳
午
未
申
辰
酉
財帛
卯
戌
命宮
寅
丑
子
亥

只是傳統命理的觀念仍如同傳統文化男尊女卑的價值一樣保留在社會中，如冤魂般糾纏著我們。很多人看似開明，其實腦袋依然存著根深柢固的觀念，在許多命理師、小說與媒體的推波助瀾下，也一直把夫妻宮當成另一半的宮位，卻忘記了我們的感情不會只有另一半。即使是在強調一夫一妻、守婦道、處女萬歲、再嫁該死的有史以來最為封建的明清兩代（真正「封建」兩個字起源的春秋戰國時代，男女關係反而是開放的），也不可能每個人的感情一生都只屬於一個人，至少那個年代的男人就不見得如此，諸如老婆不會生，再娶一個；有錢有閒有喜歡就再娶；覺得家裡那個是婚配的，年紀太大，即使是搞革命流亡在外，看到年輕的馬上再娶一個……既然如此，怎麼可能用夫妻宮代表一生所有的感情對象呢？更別說還有暗戀的、因為經濟考量逼著自己要愛的，或是本來不愛後來卻深愛的。那些足以激發文學家、藝術家靈感而歌頌的愛情百態，在紫微斗數中卻只用了一個宮位來表示，豈不是太薄弱了嗎？用邏輯去想，就知道這並不合理，更別說只是用一張本命盤的夫妻宮來代表，難道有人一出生就覺得把他接生出來的醫師是自己喜歡的類型嗎？之所以會有這樣的謬誤論點，當然都是來自於我們習慣簡化人生的答案，一方面是希望快點有個解答，一方面是因為長時間受到封建父權的觀念影響，所以我們會慣性地希望得到一個簡單的答案，也就是所謂的「正緣」和「命定」。

很多人會問：「如果夫妻宮代表的不是夫跟妻，那是代表什麼呢？難道我的感情對象不是我的老公／老婆嗎？」嗯，你的感情對象當然有可能是老公／老婆，但是當年那位沒和你結婚的初戀算不算是感情對象呢？如果不算，為何你會為他椎心刺痛，你會願意為他獻身？不然說說看，你們到底算是什麼關係呢？有人會說那是不是可以算在僕役宮（交友宮）呢？嗯，所以你會跟朋友發生關係囉？

其實會有這樣的問題，都是因為我們直觀地把夫妻宮當成另一半，當你在心中種下這顆種子，就無法理解其它的可能了。就像我們在愛情中也容易把每個可能的對象直接設定成未來對象，於是就會出現各種奇怪的條件篩選。如果把夫妻宮單純當成自己的感情態度跟展現，事情會簡單很多，也才能更廣大地包容人生在情感上的各種真實可能性，同時間可以看到更多我們在情感上的需求與變化，才能夠理解為何有個男人／女人，明明客觀條件我都無法接受，卻怎麼也無法離開他。也才能知道為何我在情感中，明明希望有個踏著七彩祥雲、身披金甲，前來拯救我的蓋世英雄，卻總是找到吃軟飯的小奶狗。當你把觀念跟眼界放大之後，一切的問題就會變得很清楚，因為命盤上寫的那個你以為是老公或老婆的人，對不起，那只是一個錯誤的傳說，夫妻宮，一直都不是代表你老公／老婆啊！

因此，想要從紫微斗數來了解自己的感情，除了要知道夫妻宮代表的是感情態度價值觀，以及因為這樣的態度價值觀而產生的現象之外，還要知道夫妻宮是由至少四個宮位所組成，而且態度價值觀並不代表自己的另一半。愛情並不是因為另外一個人才存在，更不是因為另外一個人不愛你了，你就沒有了愛情。你的愛情是因為你這個人而存在，不是為了別人而存在，你的另一半是因為你的愛情態度價值觀，讓你做了對他的選擇，他才有機會、有資格存在你的人生中，這才是紫微斗數對於夫妻宮的理解，也才是我們真實的人生。

前面提到紫微斗數完成的年代最晚，應該是最貼近人生實用的命理學，而一個人的人生，會因為他的個性決定命運，也會因為環境改變他的價值觀，也就是無論從哪個角度來說，人生種種狀態都應該是由自己的價值觀、態度、天生特質與環境交錯影響而產生。既然這是我們人生基本的結構，那麼我們對於人生的選擇，以及在迷惘時期待的解答，就該從這個角度去思考。但是我們往往不會如此去想，因為一般人到了尋求命理學幫助的時候，都是姑且試試看（這麼不認真，通常只會遇上神棍，若是遇到好老師也不會認真看待老師的建議），或是死馬當活馬醫，只想要一個快速讓自己可以接受的答案而已（這也是神棍最容易釣到的客戶）。這種心態讓我們忘記了，命理學如同人生導航地圖，它的解讀要搭配現實人生，更要讓自己多一點思考，絕不會是一些所謂祕訣、口訣來決定你的選擇。

當你可以理解夫妻宮只是我們的感情狀態之後，就能以此觀念為基礎，透過星曜的特質，對自己的感情狀態做出解讀，推論出在這樣的感情需求與狀態之下，我們會產生什麼樣的現象，以及在人生中，我們會遇到什麼樣精采的愛情故事，讓人生因而豐富起來。可能是會遇到想碎屍萬段的渣男，但是他會讓你知道現在的老公有多值得被珍惜，這樣的珍惜會讓你們更能度過婚姻路上的風雨；或是遇到讓你刻骨銘心卻無法終成眷侶的人，但是他會陪伴你度過一段人生中需要彼此的時光，假使再陪下去，他可能會曝露滿滿的缺點，那還不如讓記憶停留在最美的時刻。一旦我們了解命盤上的夫妻宮原本就會隨著人生時光而轉動，會受到外界環境的影響，就可以理解傳說中的從一而終的美談，其實是從滿滿的壓抑跟禁錮女性而來。當我們開始理解每個人都需要被尊重、當清朝中葉以後女人的命盤不再以夫妻宮為主的時候，或許我們就該知道，當愛情中的某一方不再願意單純犧牲，那如同齒輪般轉動著兩個人的運限盤夫妻宮終將交錯而過，讓人容易與所愛的人擦身而過，心愛的人也可能在自己不知道珍惜的時候，隨著運限盤的轉動被帶走。

換句話說，我們也因此可以從夫妻宮了解到內心真正期待的對象，也可以透過運限盤發現當下這個時間點上，我會遇到什麼人，自己會因為感情態度吸引到怎樣的對象，接著延伸出怎樣的感情狀態。當我們可以這樣理解，就可以掌握好命盤上的星曜，進而掌握自己的愛情。這樣的了解雖然不能說不是了解對方，但更多的是了解自己的感情態度，以及愛情中可能遇到的狀況。有人說，有經驗的情場老手是老司機，就是因為他懂自己要什麼，知道要將自己的愛情小船駛向何方，知道要把船槳牢牢抓在手上，不會放在別人的手裡，何況還是個不知道從哪裡來搭船的客人，讓愛情的主導權回到自己手上。了解對方是為了掌握自己在感情中的互動地位，不是為了去配合對方，進而我們也可以擺脫面對命理師解答愛情時百般無奈的情緒，不再只希望命理師給自己一個答案。

3 官祿宮：愛情中，你的內心真正尋找的價值

至於怎麼從紫微斗數中找到內心對於情感的需求呢？這當然就要回歸到學術層面去探討。在紫微斗數中，要剖析自己內心的情感層面，其實並不是這麼赤裸裸地展示在夫妻宮上，否則也不會有「女人心海底針」這樣的說法。人通常會隱藏真實的情感，而紫微斗數中有個重要的訣竅，可以幫我們揭開這層深藏不露的面紗，那就是夫妻宮的對宮：官祿宮。

在紫微斗數中，任何一個宮位的對面宮位，都代表宮位的內心世界以及對外的

展現，例如夫妻宮的對面宮位一定是官祿宮，官祿宮就會表示你在感情世界中內心的想法，以及展現出來給別人看的一面。這樣的設定是許多人學習紫微斗數時很難理解的部分，許多開業的老師也都不知道這個論點，往往只會很簡單地去看夫妻宮。其實這是來自於每個星曜都會有它形而上和形而下的部分，用這樣的觀點來反映出我們會因為內心的想法，跟著展現出行為的特質。

舉個例子來說，貪狼星是化氣為桃花，而在古代，所謂桃花並非只是現在認知的異性緣分，而是代表慾望的產生、事情的發生，這種慾望的產生、期待，可以被視為一種心情跟情緒，也可以說是一種內心的想法，這是星曜形而上的部分。有了想法與態度之後，接著就會展現出現象，例如貪狼所在宮位是官祿宮，是夫妻宮的對宮，會因此對感情有所期待與慾望，對外展現出來的行為也會是讓異性較容易親近的態度，這時如果夫妻宮是武曲，我們可以說這個人的感情態度是務實的，因為武曲是一顆務實思考的星曜，但是因為對宮所代表的內心想法是貪狼，讓他對感情還是有很多的期待跟慾望。這樣的人展現出來跟異性的關係是相對容易親近的，只是在容易親近的同時，因為本身具備務實的感情態度，所以不會有所謂傳說中貪狼星那種花枝招展、四處放電的行為。

又或者這個人的夫妻宮是巨門星，巨門是一種內心沒安全感的星曜，所在宮位常常會覺得那個宮位所代表的事是有空缺的，而一有空缺就會想要追求，因此巨門星如果在夫妻宮，我們可以說他在情感上會常需要受到重視、得到認同，因此也會希望得到更多機會。如果這時對宮是天機星，天機是個相信自己邏輯思考的星曜，那麼他的內心就會有許多情感上的盤算及考量，而這個盤算與考量會在面對愛情的時候，展現出對人有所考驗，從小地方去考驗身邊的異性以及自己的感情對象，包含了兩個人的約會是否一成不變、這個人講話是否反應快速、這個人是否有自己的想法，這樣的展現往往讓人覺得他很聰明，邏輯好。

長期接受華人教育體制的我們，很難理解對宮等於內心世界與外在表現的論點，但其實我們只是忘了世間萬物本來就有外顯與內在兩個層面。如今，我們從這個角度就可以了解到，為什麼一個人的命盤夫妻宮明明是貪狼，不是應該慾望滿滿，花枝招展嗎？但是他表現出來的卻不是如此。這可能是因為對宮是武曲星，所以展現出來的會是與人保持親切卻又不是那麼容易親近的態度。我們必須明白這種「表裡」的概念，否則就會像許多自學者甚至老師，在判斷夫妻宮的時候，常常會有用盤判斷跟實際情況產生很大出入的問題。我們也才有辦法理解，現實生活中，為何常出現朋友嘴裡嚷著要高富帥，事實上卻是認真努力的人才會吸引他的目光。了解紫微斗數的這個訣竅之後，就知道其實不能只看夫妻宮就論斷一個人的感情觀，搭配前面提到的，還要注意到底是哪個命盤產生的夫妻宮，因為不同的命盤，對於感情會有不同面向的呈現。本命說的是你天生的感情追求，運限才是感情的現象產生，然後再細分由哪個運限的夫妻宮讓我們了解到為何會產生那樣的現象，是環境影響我們的心情，還是自己所做的選擇，或是隨著年紀而改變觀念，讓我們脫離了原本天生的感情態度（圖四）。

圖四／各運限夫妻宮的意涵

巳	午	**大限夫妻宮** 這十年間因為自己感情態度產生的感情狀態 未	申
本命夫妻宮 原始的感情價值觀跟態度 辰			酉
卯			戌
寅	**小限夫妻宮** 這一年自己對感情的決定所產生的現象 丑	子	**流年夫妻宮** 這一年外界環境影響自己對感情的決定 亥

而夫妻宮的對宮官祿宮，則在不同命盤的情況下，身為自己感情的內心與外在表現宮位，也會有各自不同的解讀：

・本命官祿宮

代表自己天生喜歡的對象類型，與外人感受到自己的感情態度。

・大限官祿宮

表示這個十年自己展現的感情態度，以及會遇到的對象類型。

・小限官祿宮

自我認為自己的感情態度，以及希望別人對自己情感態度的看法。如果已經有對象，可以視為自己眼中的另一半是個怎樣的人。

・流年官祿宮

環境影響自己這一年對待感情的態度，與這一年會遇到的對象類型。如果身邊已經有對象，可以視為這一年另一半會發生什麼事情。

所以，回應許多人愛問的問題：「請問我未來的另一半會是怎樣的人？」這時候其實我們應該討論的是官祿宮，而非夫妻宮。更精確地說，應該討論的是運限的官祿宮，而非本命官祿宮。因為未來遇到的人，會包含上天給的緣分，在那個時間點裡，你會遇到哪些對象，還有一個層面是，那時的你會選擇誰？最後會選擇一個怎樣的人？這兩者都有可能。但是，無論如何都不會是本命的官祿宮，更別說是夫妻宮了。之所以會有這種論點，是因為長久以來，我們一直被洗腦有所謂的「真命天子」（「真命天女」是後來為了影視宣傳才有的說法）。為何說的是天子、男人，卻不說女人呢？因為這本來就是拿來對女人洗腦用的。古代的封建思想希望女人從一而終，所以告訴你女人一生只能有一個男人，女人一生只能尋找一個男人，再搭配各種江湖術士擊鼓傳說，跟家庭思想的推波助瀾，就會造就女人覺得婚姻感情不好是自己的問題，加上「嫁雞隨雞嫁狗隨狗」這種毫無邏輯可言卻流傳萬世的金句，導致許多女人無論老公多糟都不敢跑，甚至還怕自己離了這一段就沒了下一次，這種洗腦真是非常有用。我們都知道吃到屎就不要再繼續吃，無論之後會不會餓肚子，但是嫁到鬼卻不敢離開，只因為怕以後沒有機會再嫁。

因此，傳統上一直用本命盤去看夫妻宮的最主要原因，一方面是因為多個盤組合相對複雜，另一方面是在傳統從一而終的思想洗腦下，我們較容易接受所謂「天命」的觀點，自然會覺得本命盤上的夫妻宮代表的就該是你唯一可能的對象。但是這種觀點主要是建立在明清時期，是中國最封閉的朝代，在其它朝代，並不見得會如此要求婦女需要從一而終。如果從一而終其實根本不存在，或者那是一種自我的感情價值選擇，那麼紫微斗數的夫妻宮怎麼可能只看本命呢？而對於一個人在看另一個人的時候，必然是以外界眼光在看這一個人的生活態度跟價值展現，此處用的當然是夫妻宮的對宮，若說一個人的感情展現，往往出現在他談戀愛的時候（大概只有少數人會沒事一直跟別人談他的戀愛情史），這時候他的對象如何，他跟對方如何互動，也是外顯的，因此官祿宮才會被認定是真正代表另一半的宮位。透過這樣宮位上的涵義設定，我們就可以更清楚解析出自己真正的感情狀態，以及真正喜歡的對象，甚至是目前另一半的情況。

至於想要知道未來對象的樣子，當然就可以從未來何時比較容易有異性緣來做判斷，由那個時間點的官祿宮（會遇到的人以及選擇的人）推算未來的對象會是怎樣的一個人。或許你會說：「可是我的老公真的跟我本命盤上的一樣耶，他命宮紫微，我的夫妻宮也是紫微。」其實，這真的只是一個巧合，他本命宮紫微，你的夫妻宮紫微，當然表示這個人身上有你喜歡的特質，畢竟本命夫妻宮的星曜代表自己天生喜歡的類型，加上通常會有這種疑問的人，其實都不是很了解同樣是紫微星，可以是紫微七殺，也可以是紫微貪狼，會有六種紫微組合，以為看到都是紫微，就覺得一樣，其實一樣的紫微組合也會因為旁邊的星曜不同會產生巨大的落差。但是如果不考慮這個組合變化，其實紫微斗數盤就那麼十二種排列方式，加上天生自己喜歡哪一類的特質，那樣的人自然容易吸引你的目光，因此，遇到這種情況的機率相對來說就會拉高。但是如果你把身邊所有朋友跟他另一半的盤都拿來看，就會發現，這不過是大約兩、三成的機率而已。而且如果你的夫妻宮跟他的命宮星曜相同，就表示你們是天生一對，那台灣為什麼還會有結婚十年近百分之五十的離婚率呢？怎麼還會有另外至少六成的人不是這個組合呢？長久以來，我們都希望牽手就可以走一輩子，但在現代卻是上了床都還不一定能交往，走一輩子是長久以來我們被設定的價值觀與夢想，因為這個價值觀，我們會覺得不能長久就是不對的、挫敗的，問題是你現在的價值觀可能就跟二十年前不一樣，自己都會變了，為何還期待愛情或是另一個人永遠不變？除非另一個人的配合度很高，你變他就變，你改他就改，這樣就會讓百年好合的機會大幅提高。所以古人才說，女人要嫁雞隨雞，嫁狗隨狗，這樣一來，老公無論變成狗還是豬，你都會跟隨，當然就容易百年好合了。

④

桃花桃花幾月開，我的桃花何時來

了解夫妻宮的組成以及夫妻宮對宮官祿宮代表內心對感情的期待之後，大多數的人更想知道的事情一定是——愛我的人到底何時會出現。這是一件很妙的事。

無論是我在婚友社所辦的愛情講座，或是在自己的學會上課時，我們一定會花一段時間告訴大家，感情不是只看上天的安排，那個所謂「上天的安排」有很大的成分是來自封建時代的觀念。在封建時代，你的上天就是你的爸爸，所以整個社會用這樣的觀念讓你接受爸爸幫你所做的選擇，無論是豬是狗，你都要接受。但是，更多的時候，感情是因為自己的選擇而產生。就像前面提到，一個桃花再旺盛的人，如果身處的環境不對，那麼桃花再旺都沒有用，法拉利也要放在眾人目光可及之處才能得到讚嘆，放在荒蕪一人的沙漠是要吸引駱駝還是仙人掌呢？這也表示，好的感情從開始吸引到對的人到維持經營，甚至最後分手離開，其實都需要我們深深地思考跟用心。天道酬勤，就算上天會降下機會給你，至少你也要知道如何抓住。

因此，討論桃花何時來這個問題時，在紫微斗數的學理上，就需要具備幾個條件了。首先要看，我們是否擁有「環境」。還記得夫妻宮的三方四正其中一個是遷移宮嗎？紫微斗數的宮位之間有一定的主從關係與結構義務，除了對面宮位是內心與外在展現之外，其它三個宮位（以夫妻宮來說，就是遷移、夫妻、福德）順時鐘方向走，剛好可以被視為是：發生的起源（遷移宮，要有好的外在機緣跟人緣、緣分）、產生的價值與狀態（夫妻宮，我對感情的價值與狀態）與產生的效能效應（福德宮，感情對我造成的精神狀況，可能很開心、精神提升，充滿粉紅泡泡，也可能是精神崩潰，端看裡面是什麼星曜），由順時針方向組成這個夫妻宮的整體結構（圖五），我們在討論感情狀況的時候，當然就不能只光看夫妻宮。

圖五／夫妻宮三方四正，宮位順時鐘走

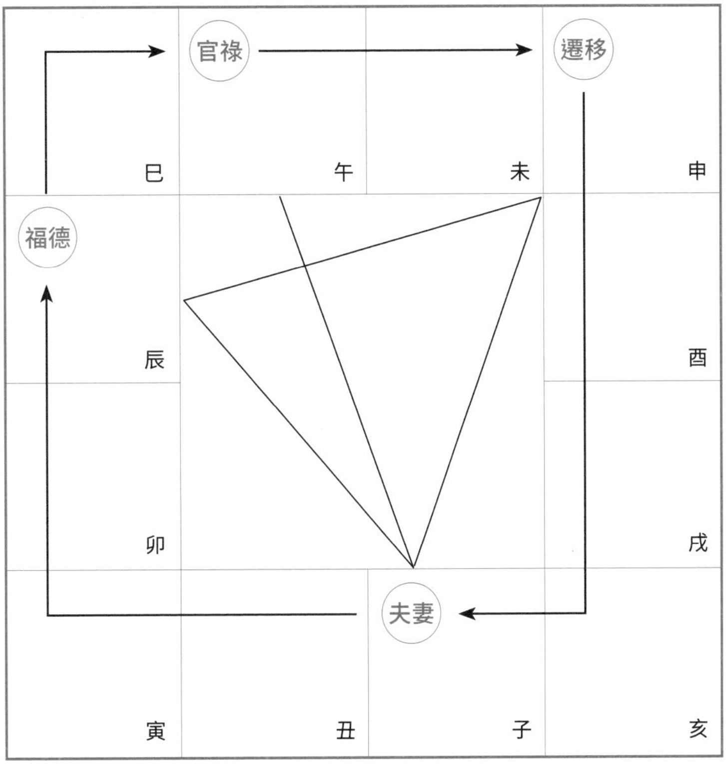

而桃花緣分的產生，是一種事件的產生，所以用的是運限盤的夫妻宮組合。最基本的看法是運限盤上的夫妻宮內有沒有紅鸞星和天喜星。紅鸞一般代表的是比較正式的桃花緣分，天喜則比較偏向是露水姻緣或單純是彼此間情慾的吸引。但不可否認地，這兩顆星一定會出現在彼此的對宮，所以有時候是因為彼此的性吸引力而進一步產生感情，也可能先有感情才開始受到性的吸引。總之，我們想談戀愛，想吸引別人，這兩顆星是很重要的關鍵。這兩顆星還有流年產生的流年紅鸞天喜，也就是並不出現在原本的命盤上，但是因為流年這個外在環境會幫你帶來緣分而出現在流年命盤上。

一般來說，最簡單的看法就是看流年夫妻宮是否出現紅鸞天喜星，但是只有這兩顆星出現在夫妻宮才有機會嗎？當然不只是如此，出現在命宮也可以。差異在於若出現在夫妻宮，比較會是有人欣賞喜歡你；若是出現在命宮，則偏向是自己有了欣賞的對象，並且會展現出魅力讓對方知道，因此吸引而來的桃花。

除此之外，命盤上還有其它的方式可以看出桃花緣分。當運限盤上的夫妻宮如果有桃花星（巨門、天相、太陰、天同、破軍、貪狼），而且這些星曜若有化祿或是遇到祿存，通常表示這個時間點上與異性的關係會有許多機會；化科則是在異性朋友間擁有好口碑，當然也會為自己帶來一些機會。很有趣的是，如果是化忌也有機會喔！化忌是一種空缺，有了空缺才會努力追求，甚至加上了擎羊或火星、鈴星都有機會，這些煞星都會幫助我們在自己想要努力的事情上多一點動力、熱情跟衝動，而感情的事往往就是需要一點衝動和勇氣跨出那一步，沒有勇氣把手牽下去，怎麼知道人家願不願意讓你牽？沒有衝動開口約那位小鮮肉，小鮮肉只會被別人抄走。即使到了現在，華人社會的愛情觀裡都有一種愛你在心口難開的狀態，彼此猜來猜去，猜到天荒地老，猜到最後，心儀的人被別人直接截走。所以這時候勇敢的擎羊、熱情的火星、懂得安排計畫的鈴星，就會是很好的動力。

不過話說回來，光有動力、有勇氣，也很容易勇士變成烈士，所以這時候我們該注意的就是前面提到的三方四正了。如果夫妻宮化忌，代表我會很期待愛情；但如果我的遷移宮沒有桃花，表示外在環境根本沒有機會；如果我的福德宮是武曲天府，整個靈魂走憨厚路線，或者官祿宮一個文昌化忌，我對對象的要求規矩很多，條件很多，那麼無論我再怎麼渴望感情、再怎麼勇敢不怕困難，往往也是沒有機會。這些情況也會發生在紅鸞天喜出現在命宮的人身上，就算某個運限的命宮出現紅鸞天喜，但是夫妻宮三方四正沒有桃花，或是出現陀羅，這往往也只是單戀而已。

運用前述的方法，我們就可以檢查出今年是不是會有欣賞自己的人出現。只是感情其中一個大難題是，欣賞自己的人，自己不見得會欣賞對方。關於這件事，紫微斗數有個基本的判斷方式。檢查這個時候流年官祿宮跟夫妻宮宮位內的主星，跟自己的命宮或是本命、大限的夫妻宮，以及福德宮是否有相同星曜，如果有，則自己也欣賞對方的機率就會提高。還有一個方法，如果自己流年官祿宮裡面的天干，造成自己流年命宮、子女宮、遷移宮、福德宮，或者本命的這幾個宮位有化祿或化忌，這也表示這一年遇到的對象比較容易吸引自己（圖六、圖七）。（此為飛化技巧，在此簡略敍述，詳細可參照 P.61 圖八的四化表和第三章）

圖六／流年官祿宮宮干造成流年命宮化祿、流年子女宮化忌

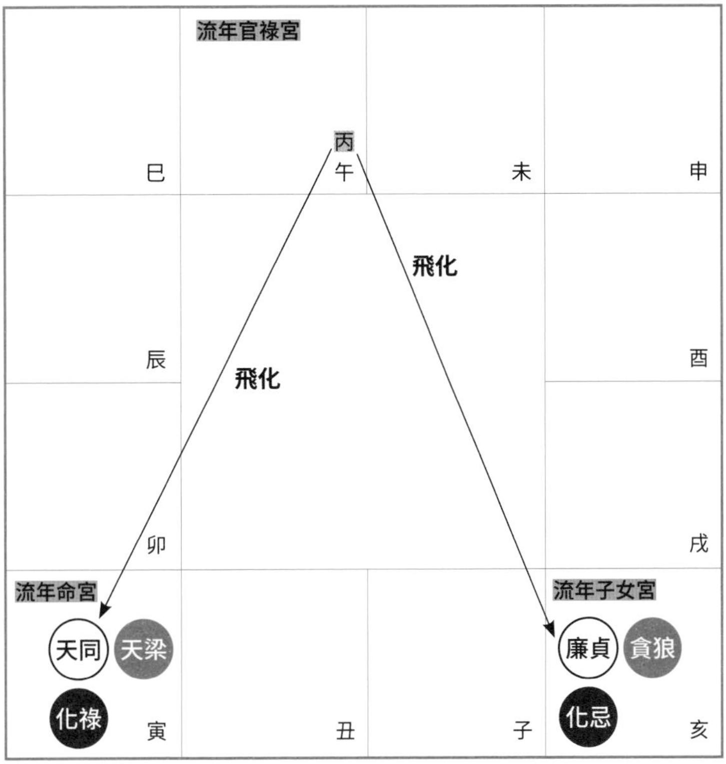

圖七／流年官祿宮宮干造成本命命宮化祿、本命子女宮化忌

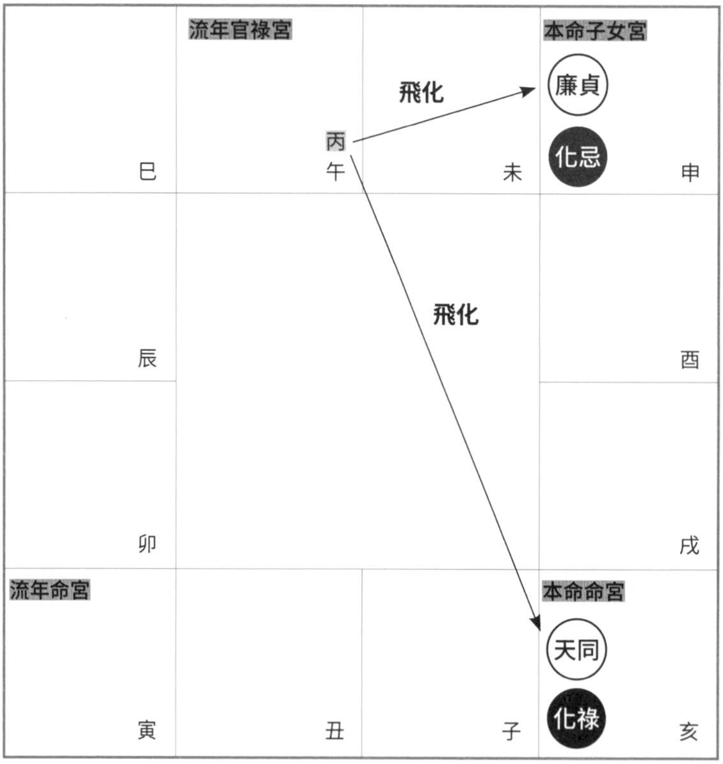

如果缺乏前述的條件，而是運限夫妻宮有陀羅星，或是單純運限盤命宮有紅鸞天喜，但是夫妻宮的相關宮位沒有化祿，有可能是單戀或是找到不對的人。還有一種情況是本命夫妻宮、命宮有紅鸞天喜星，或是有桃花星，並且跟文曲星放在一起，也可能單純是因為自己的魅力太吸引人，往往一生都會有數不盡的追求者／欣賞者，但是卻不見得能找到適合的人，這時候就可以利用了解對方命盤去知道對方的個性是否適合自己。

・流年紅鸞星、天喜星怎麼找？

命盤每個宮位各自有地支（子丑寅卯辰巳午未申酉戌亥）標示在上面，從卯那個宮位開始，逆時針算到當年的地支。例如二〇二二年是壬寅年，從卯宮開始，逆時針地以子算到寅，則流年紅鸞星就會在地支丑的宮位，對面地支未的宮位就會有流年天喜星（若有不清楚，可以觀看本學會教學頻道）。

5 感情觀會隨時間變化，唯一不變的是……

前面提到，夫妻宮不只是查看夫妻宮，至少該再多檢查官祿宮，才會更了解感情上的展現與內心的想法。紫微斗數命盤會為我們清晰分析出感情上的需要以及對應出來的狀態，如果我們能夠掌握命盤，就可以知道自己要的是什麼，或者知道自己愛慕的人的命盤，就可以知道對方期待的感情相處模式。

下一章將分別針對紫微斗數各星曜的組合，做情感的分析。這裡先提示一個小訣竅，在分辨夫妻宮所具備的涵義時，需要注意到本命跟大限的彼此影響。

大限的夫妻宮、流年的夫妻宮，這些運限命盤產生的特質跟觀念，通常會隨著運限的轉換而改變，例如在這個大限中，夫妻宮是貪狼對宮武曲，下個大限或許會變成巨門對宮太陽，這樣感情價值觀就會被轉換，所以實際上找對象時，需要理解這個你喜歡的特質可能只是目前的價值觀，過幾年或許就不是了。有時候不見得是對方變了，也可能是我們自己變了，當年那個乖乖的可愛宅男，現在可能變成你心中只會待在家裡，毫無情趣的電動男；當年那個你心中可愛熱情，在社團裡很有魅力的女大學生，經過幾年大限轉換後，可能在你心中就變成花枝招展、不守婦道的女人。因此在討論自己所追尋的對象時，必然要參考本命的夫妻宮，因為本命夫妻宮所代表的價值觀與態度會是自己一生不變的部分。

本命就像地基，運限像是蓋在地基上的城堡，無論城堡用的是什麼建材，若蓋在海邊，會說這是一座海邊的城堡；蓋在山林裡會說這是山林中的城堡。或許有一天你不再喜歡城堡的風格，但是那個環境卻一樣會是你喜歡的環境，這一點是不會變的。如同自己在情感中最初的那份真誠與期待，雖然我們會隨著年紀轉變，但最初的追求會如刻印般，永遠刻印在我們的心裡。

但問題來了，如果本命跟大限夫妻宮是兩個截然不同的特質怎麼辨？例如一個是太陰，一個是七殺。基本上我們還是會建議找本命夫妻宮那一組，或者至少要能找到最大公約數，比較能確保不會受到運限轉換的影響。

下一章對於夫妻宮內的各星曜進行解釋，讓我們可以透過基本星曜解讀，更了解自己的感情態度。如果不清楚裡面提到的運限盤，可以上我的免費教學頻道查看怎麼找出各運限盤（大限／流年）。

另外，每個星曜會依照時間產生變化，稱為四化。其中，關於庚年，我所用的是經過考古與實際驗證（我算命跟公開預測都是用這個）其實為「天相化忌，天同化科」，與一般常用的不同，但是效果十分明顯，所以本書還是採用。

圖八／四化表

天干	祿	權	科	忌
甲	廉貞（廉）	破軍（破）	武曲（武）	太陽（陽）
乙	天機（機）	天梁（梁）	紫微（紫）	太陰（陰）
丙	天同（同）	天機（機）	文昌（昌）	廉貞（廉）
丁	太陰（陰）	天同（同）	天機（機）	巨門（巨）
戊	貪狼（貪）	太陰（陰）	右弼（右）	天機（機）
己	武曲（武）	貪狼（貪）	天梁（梁）	文曲（曲）
庚	太陽（陽）	武曲（武）	天同（同）	天相（相）
辛	巨門（巨）	太陽（陽）	文曲（曲）	文昌（昌）
壬	天梁（梁）	紫微（紫）	左輔（左）	武曲（武）
癸	破軍（破）	巨門（巨）	太陰（陰）	貪狼（貪）

Chapter 2 ♡

從夫妻宮和官祿宮
找出自己的愛情屬性

1 紫微星・尊貴的愛情

紫微星在紫微斗數的設定中是帝王之星，而且是尊貴的帝王，重視面子跟是否得到眾人的尊羨。當這個星曜在夫妻宮或者對宮官祿宮，主軸的特質便是會希望自己的感情狀況是受到眾人羨慕的，也會希望得到感情對象的尊重，甚至是被捧在手心，男生則會希望另一半在外人面前可以給足自己面子。在這樣的前提之下，他也希望自己的另一半最好會是吸引眾人目光的人，是所謂人中龍鳳。當然最大的風險就是，因為他們需要人家給予尊貴的對待，所以這類人往往沒辦法把你捧在手心裡。

這些是紫微系的主要結構，再搭配上對宮與同宮星曜，則會各自有不同的追求。如果是在運限盤出現，就會表示自己在這個大限內會找這一類的對象，以及會追求上述的感情狀態。

・紫微七殺對宮天府

紫微七殺這組（圖九），是紫微系中最重視自身價值，並且會親力親為去實踐的。在情感上，受到七殺的影響，會希望感情依照自己的意志而行，放在夫妻宮內，對宮官祿宮為天府星，讓這個組合的人希望情感上擁有自主性，無論是挑選對象，或是兩個人的相處，這個自主性會表現在是否能在情感上得到實際的成果。

紫微想要被重視的概念，會呈現在對方是否擁有能力照顧自己，男生甚至會希望對象要有不錯的工作能力。感情的建立需要是長期穩定的經營，並且能在感情中擁有主導權，包含對方的生活、工作與金錢。比較讓人心煩的是，這類人通常也希望找到能力好的對象，甚至是跟自己一樣有主見、有想法的人，這樣的人會吸引他們，也會讓他們覺得很有魅力，但問題是這樣的人又怎麼會想在相處時受對方管控呢？如果天府星在夫妻宮，而紫微七殺在官祿宮，則會很務實地考慮感情在生命中的價值。

這兩個組合除非遇到文曲或是紅鸞天喜這些桃花星，或是遇到陀羅同宮，否則情感價值觀還算理性。若是在本命盤的夫妻宮，即使受到運限盤影響，也都可以馬上恢復清醒，知道自己需要的是什麼，並且會不斷考驗對方。但也因為這樣，往往讓人覺得太過自我，不是那麼容易就能用甜言蜜語哄騙。

尤其夫妻宮是天府星，在感情選擇上則是更加理性，並且更重視另一半是否有能力，以及是否對自己的生活與工作有幫助。這兩個組合雖然有類似的情況，但天府在夫妻宮的人，會比較知道該如何掌握感情中的分寸，相對來說比較不會因為紫微需要尊貴的特質，而在情感中太堅持自己的立場，畢竟天府是顆相對來說較有謀略的星曜。在情感中，兩個人一旦談起戀愛，往往感性衝擊理性，理性一降低，智商可能就跟著降低，就容易用自己的情緒處理事情，所以感情是需要經營的，經營就不會只是自己愛幹嘛就幹嘛，而是有計畫地去維護彼此的關係，這一點天府星是強項，因此，雖然兩組所持的態度跟價值雷同，但相對來說，天府在夫妻宮的人在感情上會比較吃香。

圖九／紫微七殺對宮天府

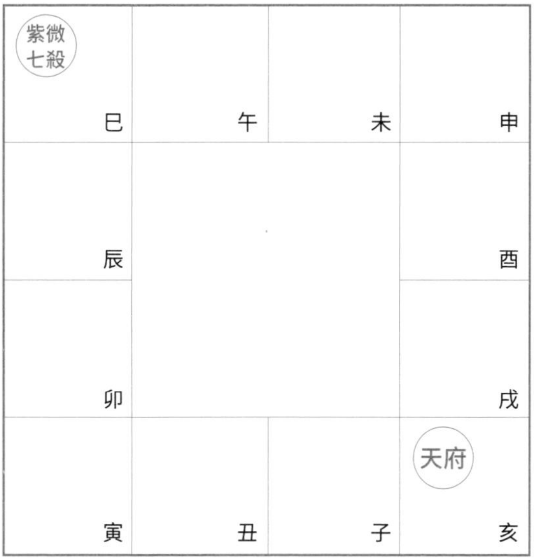
紫微
七殺
巳
午
未
申
辰
酉
卯
戌
天府
寅
丑
子
亥

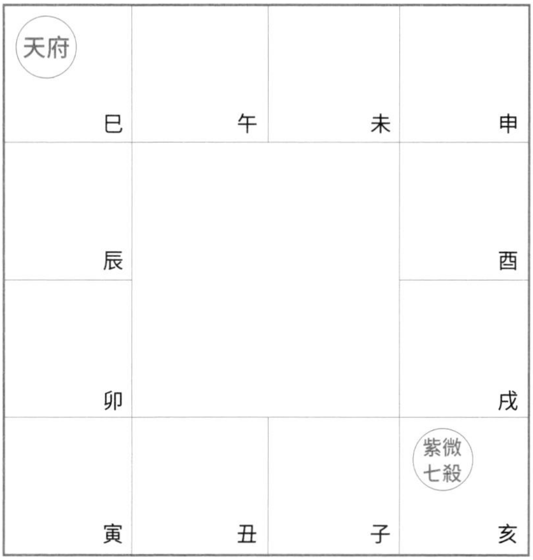
天府
巳
午
未
申
辰
酉
卯
戌
紫微
七殺
寅
丑
子
亥

・紫微破軍對宮天相

圖十／紫微破軍對宮天相

我們說對面的宮位都是自己內心的展現，紫微破軍是尊貴的紫微系裡，最具有遠大夢想的一個組合。樂觀有自信是這個組合的特質，而希望自己與眾不同這個紫微系由內而外的氣質，是紫微天生的磁場，對宮的天相星則通常會被認為是一種自我的規範，這種規範會讓天相星覺得自己把各方面都處理得很好，所以無論是人際關係或是生活層面，都應該能做到有條不紊。

一個有著遠大夢想而且期待接受眾人欽羨眼光的人，當然會在各方面展現出讓人覺得他能夠把所有事情都安排得非常完善的一面，這樣的特質呈現在感情上，如果是在本命盤，除了展現自己挑選對象獨到的眼光，並且期待對象除了符合一般人認可的客觀條件，還需要有不同的才華特質，這就不只是期待人中龍鳳，這條龍可能還要很有才華，這隻鳳沒有一點穿著品味是完全無法入眼的。當然他自己在感情中也會儘量展現出最好的一面，約會時一定把自己打扮好，並且每次都找有特色的約會場合。

如果這是運限盤，則表示自己的感情態度會在這個時期有如此的追求與表現，所遇到的對象也容易具有這種特質，這是很有趣的情況，本命盤期待這樣的人出現，但是其實通常是運限盤夫妻宮、官祿宮有這樣的星曜才會出現這樣的人，如此的情況，其實很符合現實生活——自己期待的總是很難尋找。這對紫微系的人來說，其實是很痛苦的事，尤其是對宮天相的紫微破軍，因為天相的規則規範，讓他們總是不願意放棄跟妥協，因此就會產生更多自己的期待與現實不合的遺憾跟衝突，這也導致破軍勇於追求夢想的特質會更導致他一直希望尋找到適合自己的人。如果紫微遇到化權或是化科時，情況會更加明顯。不過如果這是在運限盤出現，則表示自己會找到這樣類型的人，化權讓自己能夠在感情中得到許多權利與機會，化科則表示自己會在那個時間點上有許多機會，以及所遇到的對象是人人稱羨的。

圖十一／紫微貪狼對宮空宮

坦白說，世間所有的浪漫，大多是為了滿足內心的虛榮，無論是想辦法在陣陣海風中排列沙灘上的心形蠟燭，或是帶你去一個很難到達的秘境，看那片璀璨夜景，那種獨有的虛榮感是絕大多數浪漫的真相。尤其紫微系這樣一個追求受人羨慕的星曜，保證會是喜歡浪漫跟懂得創造浪漫的組合，而其中又以紫微破軍跟紫微貪狼最為擅長，但是如果以花招層出不窮當評比標準，則紫微貪狼更勝一籌。

紫微貪狼同宮對面空宮，表示這組合絕大多數會是表裡如一的，內心的想法跟外在的展現幾乎是完全貼近，不像前面提到的天相跟紫微破軍。紫微破軍在夫妻宮，天相在官祿宮，會讓人覺得這個人在感情上有很多規範限制，但實際上只要是他愛的人、他想追求的感情，他可以完全不受社會規範。紫微貪狼則一開始就展現出自己能夠接受各式各樣不同類型的愛情，而且也探索著愛情的可能性。如同前面說的，浪漫通常都是因為自己擁有了別人所沒有的，紫微貪狼在浪漫的追求上，一成不變絕對不會是他的選項。或許紫微破軍還會有個不能超過社會期待的規範，但紫微貪狼大概就沒有規範可言。即便如此，紫微仍是需要覺得自己受到祝福或是羨慕。因此，有才華、有夢想、有各式各樣多采多姿的生活，會是紫微貪狼追求的對象，感情中各種精采的浪漫也會是他的期待。

在本命盤上遇到紫微化權、化科，則感情所帶來的存在感會是重心。如果貪狼出現化權、化祿、化忌，則求新求變，更能夠突破極限，這在本命盤上，代表自己會一直地追求感情，如果是在運限盤，就會是這個時間內自己所追求的感情與努力的方向。所以如果剛好身邊的對象在這樣的運限中，你還傻傻地覺得自己只要照日常生活三餐問好跟晨昏接送，感情可能很快就會出問題了。

這麼一個浪漫的組合，如果遇到煞星呢？我們說煞星（火星、擎羊、陀羅、鈴星）是內心的小惡魔，是我們內心無法控制的情緒，所以這個組合若加上煞星，當然更容易不受社會規範地去追求愛情，不讓自己活在世俗的無聊愛情中，會想讓自己的愛情是最有故事性的。如果遇到文昌星，可能會一邊期待愛情的多樣化，一邊又告誡自己應該要接受世人的平庸價值觀。但若是遇到文曲星，當然就不用管別人的看法了。

圖十二／紫微天相對宮破軍

跟紫微破軍比起來，這個紫微天相是個說了一嘴好愛情，其實在感情上卻是小心翼翼、處處謹慎的組合，深怕自己挑錯人、抓錯時機。雖然展現出來的是自己對感情充滿追求，但是真正的行動卻可能讓人失望。如果說紫微破軍是四格漫畫就可以完成的愛情故事，紫微天相可能會是連載漫畫。這個組合在紫微斗數中叫「造反之局」，名字聽起來好像很威，有著談出一場轟轟烈烈愛情的態勢，但其實所謂的造反，通常是平常是乖小孩，忽然不聽話了，我們才會覺得他造反，如果平常就搗蛋，那無論做什麼怪事，也會覺得是正常發揮，這就是浪子回頭金不換，但是善人犯錯即十惡不赦的基本人性判斷。

因此，如果是紫微天相在夫妻宮，通常感情態度以及對於對象的追求，會很像紫微破軍那一組，但是會更加務實，不會一味追求自己能力不及的感情世界跟對象。只是他嘴裡會說得讓人覺得好像會在情感上無極限付出，其實卻會很節制地考量真實情況，期待對象有能力也有好的人際關係。紫微化權跟化科會讓他更加珍惜自己的感情，破軍如果化權也是如此，但是如果化祿，就比較可能會爭取更多的感情機會。

不過就像前面提到的，通常被認為造反，是因為之前都乖乖的，因此這個紫微天相的組合通常都是乖小孩，社會價值觀如何，他的感情價值觀也就如何，雖然追求著電影小說中充滿張力的情節，也不至於太過頭，除非碰到了煞星，以及天相出現化忌。無論是因為情緒的衝動讓他打破規則，或是原本守護規則的天相星因為化忌而願意打破規則，都會讓他覺得可以為了愛情不顧一切，挑選的對象類型也可以不顧一切，一切都是他喜歡就可以，旁人甚至無法勸說。如果本命盤如此，我們可能覺得這個人天生如此，可惜往往本命不是如此，甚至大的運限不是如此，卻是因為受到某個小運限造成天相化忌（圖十三），所以一瞬間個性轉變，就讓人覺得跟以前不同了。

圖十三／流年天干為庚，造成天相化忌

・紫微天府對宮七殺

圖十四／紫微天府對宮七殺

天府星是個很重視自己能夠掌握實權的星曜，相對於紫微星期待受到眾人景仰，天府星更重視自己能得到實際的好處。所以當兩個星曜放在一起，我們會用「面子裡子都要」來形容，不但期待自己的愛情受眾人羨慕景仰，實際上又要自己真的可以在感情中得到實質利益。對宮七殺星的堅持特質，更是讓這個組合有著對自己追求的價值不願意放棄也不妥協的情況。

這樣的特質在本命盤上，如果運限沒有好的組合，很可能會讓他覺得總是找不到好對象，畢竟感情要讓你有面子又有裡子，而且還要人中龍鳳，這並非一個簡單的條件，可惜我們真正的感情發生是受到運限盤的影響（我的感情在這時候有缺、有期待，可能就會追求感情），因此這個組合甚至會自我說服，讓自己暫時忘記內心原本的要求，先求有再求好，只是往往求不到自己真正所要的好。這樣的情況在本命夫妻宮是紫微系的人身上常常發生，但許多書籍都有錯誤解讀，覺得紫微星是帝星，是好的星曜，這完全是受到戲曲小説跟電視劇對皇帝這個角色的影響，大致上跟大家對於霸道總裁的期待相仿。其實皇帝不見得是個好的職業，歷史上絕大多數的皇帝是有頭睡覺無頭起床的，生活在壓力山大的世界，又要萬人景仰又要大權在握，還要國泰民安，更要才能出眾，這根本就是很難的事情，所以我們雖然不能說紫微星不好，但如果因為他是帝星，就對他有過度的期待，那就是對命理學有深度的錯誤認知。就像心裡對愛情有很高的期待，當然會促使我們努力追求高水準目標，但是往往難度也增高，讓身邊的人跟著一起痛苦。而紫微天府追求的就是如此的愛情與對象，更是紫微系中對於愛情有著高標準的最高指標。

如果在夫妻宮相對應的幾個宮位（官祿、福德、遷移、夫妻）有左輔、右弼、天魁、天鉞，則表示這個人在感情上，無論是外來緣分或是彼此對待的相處模式，有較好的掌握，因此對於高標準的追求可行性就比較高（至少要有一顆上述星曜）。但是如果沒有，可能就會覺得自己條件不錯，對感情用心，卻往往所遇非人。如果在運限盤上出現，當然就是在這個時間內會期待對象有好的能力，因為在感情關係中，愛情與麵包都要擁有，也期望感情是要能夠讓自己無論在哪一方面都是最好的，包含幫助工作、感受靈魂、增加面子，許許多多，這時候有沒有上述那些吉星幫助，就顯得相對重要，否則往往會變成期待落空。

如果紫微有化權，無論是在本命盤或運限盤都有加分作用，但如果只是化科而沒有吉星幫助，就會變成空有追求大家羨慕眼光的心，卻沒有機會，或總是用別人的眼光來維持自己在愛情中的遺憾，尤其紫微天府在夫妻宮，情況會最明顯。

圖十五／紫微對宮貪狼

在感情的路上，外在的好人緣絕對會贏在起跑點，雖然快跑的兔子不見得會是最後的勝利者，但是一定能讓自己在競賽中多出很多餘裕與空間。雖然紫微星系在夫妻宮有一個先天性問題：不容易在情感上達到自己的高標準，但是在紫微貪狼這個組合上，這個問題被大大降低了。因為貪狼什麼都要試試看的心態，某個角度來說也降低了紫微在乎外界眼光的問題。只是因為貪狼直接跟紫微放在一起，所以也往往因而讓自己在感情的追求上太過多樣化，當生命的變化中有各類煞星進去，會容易有感情無法照著心意走的問題，這也是一直以來這個組合被許多老派的老師詬病的原因。

但是話說回來，如果紫微跟貪狼不成對組合，那麼貪狼的慾望也不會直接影響到紫微星。當紫微星單獨出現在夫妻宮，貪狼也是單獨在對宮官祿宮，是內心的世界造就外顯的表現，因為主體的星曜只有紫微星，所以會更純粹地展現出紫微的感情價值觀：在情感中希望被尊重，在乎自己挑選的人是否是真正的王子／公主，期待感情得到眾人的祝福，這樣的心情會很純粹地在情感世界中被保留下來。為了滿足這些需求，在外對異性展現出來的就會是貪狼的特質，因為內心對感情的期待，對外展現出希望有更多的機會，好讓自己在異性關係中成為一個好親近的人，即使他也只願意讓條件好的異性親近。正因為貪狼這樣的特質，雖然這時的紫微星一樣在情感上追求被尊重疼愛，被捧在手心，但相對來説沒有那麼讓人厭煩，畢竟在感情中多數人都希望自己是情人眼中的公主或王子，可惜有公主命的少但有公主病的多，所以如果自身條件不夠，卻希望被捧在手心，這往往就讓人厭煩了。還好有個貪狼在外面，所以在情感的相處與展現上，貪狼好相處的個性以及博學有趣特質，可以降低許多問題。

前面一直提到在本命夫妻宮紫微星天生的態度跟運限的實際情況容易相衝突，這是問題較為不明顯的紫微星曜組合。當然如果在運限盤中出現紫微對宮貪狼，通常會是在這個時間點內總有機會遇到不錯的對象，也知道該如何經營感情，算是相當不錯的夫妻宮星曜組合，至少風險會少一點，唯獨遇到煞星或貪狼出現化忌的時候，會有異性緣爆發，又因為享受著感情的豐沛滋潤，容易有太多曖昧對象。

如果紫微星有化權、化科，是會替感情加分的，即使在本命盤，也表示相對於其它紫微系的組合更知道該怎麼經營感情。如果是在運限盤，通常對象條件不差，唯獨怕遇到貪狼化忌，或有煞星在上面，無論是跟紫微還是貪狼在一起。

2 武曲星・務實的愛情

武曲星是個絕對務實的星曜。所謂務實最後往往會被歸類成愛錢，其實他只是很實際地用金錢價值去處理情感，以為愛你的最好表現就是送你大紅包，在乎你的時候就該對你很大方，因為對他來說，這就是最實際的。換個角度來說，他也會覺得如果別人要對他好，也該用這樣的方式來表現，當他表達得不清楚時，這樣的特質就常讓人誤以為他很在乎金錢。

其實在感情的世界，你對待人的方式，往往也是期待自己被對待的方式，因此，雖然就傳統觀念來說，感情世界越單純越好，尤其當夫妻宮的星曜是桃花星的時候，最好就不要再有文曲星在裡面，因為原本有桃花星就已經具備異性緣，若再加上代表心思、想法跟喜歡有不同思考邏輯的文曲星，當然就容易讓自己的情感有比較多的機會發展，同時也會期待跟一般世俗不同的戀情。就像大家都喜歡跑車，但買車的時候，朋友又會勸你要找款好保養、物美價廉卻相對無趣的車型，武曲星就是這樣的一輛車，因此他是少數被期待能夠跟其它桃花星甚至文曲星放在一起的星曜，就像是一輛物美價廉卻無趣的車子，多加上一些外型的變化與車內花俏的電子功能，便增添了我們跟這輛車相處時的樂趣。

總體來說，武曲星的感情態度是務實且願意一步一腳印去經營的，他會遇到的星曜組合跟紫微一模一樣，但是因為本身務實的態度，讓他不會因為像紫微那樣追求眾人目光，以及希望在感情中受到尊榮對待，所以也少了很多情感上的折磨，畢竟如果人人都想在感情世界中當帝王，有誰會當賤婢呢？這時務實的武曲星在情感的態度上，就比較符合社會大眾對於情感的期待。

・武曲七殺對宮天府

圖十六／武曲七殺對宮天府

務實到近乎直接重視金錢價值的武曲星，再加上說得好聽是堅毅，說得嚴重是固執的七殺星，可以想見在需要一點幻想、夢幻的感情宮位上，是相對弱勢的組合。就像一個凡事秤斤論兩的市場老闆要接手一家強調氛圍的咖啡廳，當然會不適應。或許這個老闆的餐廳可能物美價廉，甚至強調物超所值，卻少了喝咖啡帶來的精神享受層面，對宮的天府星更是代表了雖然願意在感情世界中大方付出，但是也期待相對應的回報，如果沒有看到回報，就會甩頭走人，這也是這個組合通常會被評為孤單的組合的原因。

這時候如果有文曲這樣的桃花星跟武曲七殺同宮，就可以大幅度改善「孤」的情況。畢竟談感情還是得考慮麵包的問題，這個組合一開始就把麵包的問題想好了，好處是不會讓你覺得怎麼前面說得很不錯，後面卻斤斤計較，就像很多課程都是先低價搶客，後來卻逐步抬高價錢，跟這樣的人在一起，至少一開始就能清楚知道他對愛情的投資有著一定的回報期待，投資的風險會盡可能地減少。

武曲星既然有這樣的務實考量，當他愛上一個人時，也是會相對大方，至少不是那種說了一嘴我愛你，卻出門連請客都不願意，不知道他的愛到底是如何展現。尤其是武曲星如果化祿，在感情上的金錢投注更是大方，如果是化權或化科，大方依舊，但是難免更加重視投資是否能得到回報。如果是武曲化忌，則雖然一樣會付錢，也願意投資金錢在感情上，卻是一邊付出一邊抱怨，時時刻刻不停地跟另一半討論彼此的金錢價值觀，感情當然就容易因此產生問題，畢竟花前月下的美好，來自於花別人的錢來到月下，如果是自己要花錢，月亮就不再浪漫美麗了。

很有趣的是，這個組合在本命夫妻宮當然代表了自己與生俱來的感情態度，在運限盤夫妻宮則代表當下自己對感情的態度，例如你一換了運限，剛好是夫妻宮武曲七殺，武曲化忌，這時候會開始思考花了這麼多錢去經營感情是否合理、是否划算。而夫妻宮也代表自己喜歡的類型，問題是人會喜歡這種類型的另一半嗎？這就必須說，對於武曲的人來說，他絕對不會覺得自己對金錢斤斤計較，只是覺得錢要花在刀口上，所以也不希望另一半花錢沒有節制，或是沒有賺錢能力不懂財務規劃，那些對武曲來說好像是太過小氣的概念，並不存在武曲人的思考中，他們覺得自己只是親兄弟明算帳，該大方的會大方，但是不該花的也不必亂花。

如果天府在夫妻宮，而對宮是武曲七殺，則表示對感情的態度是會需要好好籌劃的，也就是說這樣的人出去約會時是否能有好的回應，是他在約會前會做的考量，但因為天府是個善於在心底籌劃的星曜，因此武曲七殺在夫妻宮的人，剛開始曖昧的時候會讓人覺得他很大方，久了才發現其實他在金錢上有所盤算。如果是天府星在夫妻宮，則剛開始會讓人覺得好像很重視金錢，在追求愛情上也沒有那麼多浪漫，而是很務實地跟你討論情感未來的發展、兩人該怎麼共築人生，真正交往以後則會發現並非如此強硬，而是會做好周全的計畫，算是醜話說前面的組合，喜歡的類型也需要具備這種條件：一個很務實的生活伴侶，懂得重視實際的金錢使用，好好安排人生，會是吸引他注意的對象。

・武曲破軍對宮天相

圖十七／武曲破軍對宮天相

前面提到武曲星的務實特質一旦加上桃花星，就會大幅改善。破軍星屬水，浪漫跟夢想絕對是招攬桃花感情的特質，所以破軍星當然算是桃花星，跟武曲同宮時，能讓武曲星不再讓人覺得會務實到太過於強硬堅持，更可能進一步改變他的金錢價值觀，讓人覺得大方到如同作夢一般。武曲破軍在夫妻宮的人，基本上就是個在感情上不在乎金錢的人，錢的存在就像是冬天裡的柴火，可以讓愛情越燒越旺，越想讓愛火燃燒就越該花錢。對宮的天相更是說明了這個組合在感情上重視人際網絡，這表示他會對於感情對象愛屋及烏，也表示他深信自己的感情觀會為自己帶來美好的一面。

如果是在本命盤，尤其當出現武曲化祿或破軍化祿的時候，前面說的跡象會呈現最明顯的發揮。如果化權，無論是在武曲或破軍，都會有很好的控制能力，希望自己在感情上的花費是有價值的，但是因為破軍星的影響，又會搭配上適當的態度，不至於讓人覺得一板一眼。武曲化科則會有點好大喜功，急切地希望情感投資有所回報。化忌則會變成更加在乎在情感上的金錢花費是否能為自己打破困境，或者急切地希望得到回應，如果沒有，則會相當不甘心，甚至因此影響生活與工作，當然這樣的態度就感情來說，就相對不利了。若在運限盤出現這樣的情況，就需要注意可能是自己這段時間內，在感情上會投入太多金錢，尤其遇到化忌時需要注意是否所遇非人，甚至如果是天相化忌，更會讓人希望在情感中透過金錢的投資，讓自己得到不一樣的感情，或者說是不照正常社會價值觀念去尋求感情。

話說回來，這個組合其實是非常好的伴侶選擇，至少他對情感的態度，是願意為對方付出的，而且是以很實際的金錢表達愛，不像許多人的愛都是用舌頭表示。

・武曲貪狼對宮空宮

圖十八／武曲貪狼對宮空宮

貪狼是紫微斗數中正式的大桃花星，跟武曲放在一起是非常好的一個組合，在夫妻宮當然也很不錯。貪狼星一方面彌補了武曲太一板一眼的特質，也提供貪狼原本就具備的桃花特質，加上武曲星在感情上對金錢很大方，這個組合真是最佳的情人表現。當然這也表示他希望自己的對象具備這樣的特質。貪狼的本質為慾望，放在情感的宮位上，更會因為慾望的產生，讓一個人願意對情感投注心血。因此，無論是本命盤的感情態度與價值觀，以及心中期待的理想對象，或是運限盤中感情的狀態跟實際能夠遇到的人，只要夫妻宮有武曲貪狼，都算是不錯的星曜組合。

但世界上沒有絕對完美的事情。當武曲貪狼同在夫妻宮，對宮一定是空宮，所以我們可以說他的感情觀是表裡如一的，嘴上說愛猛男，眼睛絕對就是往猛男身上飄，原因是雖然這個位置的對面是空宮，但因為武曲貪狼可以被借過去用，才會夫妻宮跟官祿宮的星曜都一樣，所以表裡如一（圖十九）。

圖十九／武曲貪狼借到對宮

可是如果對宮出現了文昌、文曲這兩顆星，就無法借星到對宮（圖二十一）。這樣的情況就會形成本來讓人覺得一板一眼的武曲加上貪狼，更像個重義氣、熱情大方的人，在內心深處有了理性（文昌）跟感性（文曲）的彼此盤算掙扎，好處是理性感性兼備的情人絕對會更加迷人，缺點則是有時候因為無法區分理性與感性，讓人覺得少了武曲那種簡單直接的個性。而且他也希望自己的情人可以如同自己這樣的特質，這不就擺明了兩個人會常常吵吵鬧鬧嗎？這時候的他很容易因為感情而影響人生的選擇，不知道該理性地在情感上做判斷，還是感性地隨著自己的想法走。如果在本命盤，當然一生都會受到影響，不過還好有運限盤做調整跟節制。如果在運限盤，則會很清楚地讓自己在當下的感情態度與狀態，深深地影響自己。

圖二十／武曲貪狼跟文昌文曲同宮，一樣借對宮。

圖二十一／武曲貪狼對宮有文昌、文曲，不能借對宮主星。

如果對宮是陀羅，也會有類似文昌文曲的情況。差別在於：如果是陀羅，就是純粹地無法在感情上大刀闊斧地做決定。文昌文曲還具備了桃花特質，跟這樣的人談戀愛，其實大半的時間還是讓人感覺相當美好。如果是擎羊、火星，都表示在感情上相當有魅力，會更加毫無保留地把武曲貪狼的特質發揮出來，也因此在運限盤出現時，往往會有閃戀或閃離的特質，愛了就不會考慮後果，恨了也絕不回頭，武曲的務實價值在此展露無遺。如果是鈴星，則懂得經營跟盤算，讓自己在感情中以最划算的方式取得最大的浪漫跟利益，所謂愛情與麵包只有小孩才選擇，大人兩個都要，就是他最好的寫照。如果這幾個煞星不是在對宮空宮的位置，而是跟武曲貪狼在一起呢？表示一樣會有前面說的形容和表現，但是那個因為煞星產生的情緒上非理性行為，會比較不明顯，畢竟有著一顆大桃花星貪狼在上面周旋著。

・武曲天相對宮破軍

圖二十二／武曲天相對宮破軍

這個組合因為天相算是人際關係的桃花星曜，不是那麼直接的異性桃花，而是專屬在人際網路關係的星曜，但是放在武曲身邊，也一樣可以改善武曲太呆板的問題，加上天相的對宮一定是破軍，這樣的組合會讓人感覺他對人夠義氣，金錢上很大方，這些特質會為他吸引到不錯的對象，也喜歡對朋友大方的類型。這個組合無論是男是女，身邊都會有朋友願意替他找尋好對象，喜歡的類型除了要具備相同的特質，還希望對方是個會為工作與理想努力的人。如果在運限盤上，除了會遇到這類的人以及會有上述的感情態度外，還需要注意因為大方又義氣的個性，如果遇到武曲化忌、天相化忌，或是遇到陀羅、火星、鈴星，容易因此跟另一半有財務糾紛，因為畢竟武曲在夫妻宮，對金錢雖然大方卻也務實，遇到化忌跟煞星或許一時會為愛不顧一切，但總有醒來的一天，原來的大方就會產生財務問題了。

上面兩種組合，如果可以遇到破軍化權，問題都可以大幅度降低。或許會有一點狀況，但總是在自己的控制內。不過如果遇到破軍化祿，則表示他很享受追逐感情的快樂。至於是否會因此破財失去金錢，可能就不是那麼重要了。想想我們看個電影都要花錢，追個劇也要花錢，讓自己享受真人實境演出的刺激，要有點消費不也很正常嗎？

・武曲天府對宮七殺

圖二十三／武曲天府對宮七殺

這組是武曲組合裡最保守的一組，凡事都要堅守住自己的原則，若是喜歡金牛座的給他雙魚座，絕對是一開始就拒絕，因為內心的七殺會讓自己在情感要求上一分都不退讓。不過，因為天府星是個很懂得謀劃策略的星曜，所以雖然堅持了自己的理想，卻不會讓人看起來固執，如果有，一定是有煞星跟化忌進去。

正常來說，他會讓人覺得有清楚的目標，這個組合的優點是比較貼近乖乖好情人的形象，若沒有加上文曲，難免有點耿直，若加上文昌，即使有天府的幫忙，那些堅持看來也會有點固執，在感情上也會要求一塵不染。這時候如果武曲化忌，則很重視另一半的金錢觀，也在乎愛情裡的金錢投注是否能得到足夠的回報，甚至能夠幫助自己的事業發展。如果是化權跟化科，也會有這樣的情況，只是展現得比較溫和。當然不可否認地，武曲在夫妻宮的化權和化科都具備希望用金錢來維繫感情的特質，這是所有武曲系都會有的，只是在武曲有桃花星出現在旁邊時，會做得比較好看而已。如果化祿，則會心甘情願地在金錢上付出，這一點無論是在運限盤或本命盤都是如此，除非是在本命盤上出現，但是運限盤出現的夫妻宮組合比較差，否則只要是武曲系列，都可以說是在感情中對於金錢很大方。這個組合雖然因為天府的緣故比較會精打細算，但並非是小氣的人，只是不若其它組合那麼豪氣而已。

・武曲對宮貪狼

圖二十四／武曲對宮貪狼

我們說武曲身邊帶個桃花星比較好，所以武曲跟貪狼同宮是個相當不錯的組合，無論是在夫妻宮、官祿宮，還是財帛宮、命宮，不過因為對宮是空宮，容易造成星曜無法借過去，反而讓煞星獨大的問題，或是因為那個位置可能出現文昌、文曲同宮的情形，造成理性與感性掙扎擺不平的風險，因此以夫妻宮來講，武曲在夫妻宮，貪狼在對宮的組合，才是我個人最喜歡的一組武曲系星曜。貪狼雖然沒有跟武曲同宮，但是在外展現的樣子還是具有可愛幽默跟多才多藝的包裝，至少絕對會精彩演出一陣子，尤其當愛情還在粉紅泡泡的階段。這無論是本命還是運限，都是相當不錯的愛情宮位組合。

尤其在星曜四化上，武曲會化祿、化科，貪狼會化祿，只要出現化祿、化科，都算是在感情上懂得適度付出以及會好好挑選對象，武曲星的務實讓他即使因為貪狼在對宮，也能從本命便一直具備吸引異性的特質，進入運限時會在運限時間內有吸引異性的機會，但是他都可以務實理性地考量自己對感情的期待，不至於受到外界花花草草的影響。如果你喜歡身邊男人風趣幽默又有魅力，卻不希望男人擋不住誘惑，這種哈士奇等級的星曜組合，同時間具備帥氣跟呆萌，就非常適合你。當然這時也要注意是不是只在運限出現，萬一運限過後哈士奇變成狼，那也不好。如果出現化忌或化權，則是容易在感情上放不下，會一談起戀愛就希望牢牢控制對方，畢竟乖乖不出軌的另一個層面就是黏緊緊。

但是總體來說，這個組合在夫妻宮都是不算差的組合，只要不要遇到陀羅星，否則無論是武曲的務實或貪狼的魅力，可能都會被扭曲一番。

③

廉貞星・期待放飛自我的愛情

廉貞星在紫微斗數中像是個發電廠，是具有魅力會到處放電的人，尤其是放在夫妻宮，通常會被解釋成有很好的異性緣，背後的原因在於，廉貞星是個反應很快，很懂得利用人際關係的星曜，我們在生活中總會特別注意有不同想法的人，而廉貞星就具備這樣的特質，他總是能夠打破既定的思考方式，找出最快的解決方法。雖然有時候這樣的處事態度會讓人不知所措，或讓人覺得好像是邪門歪道，就像福爾摩斯跟亞森羅蘋，我相信會有更多人喜歡亞森羅蘋，而正義的警察跟講義氣的黑道老大，往往是老大更能吸引別人的注意力。這都是因為廉貞星同時具備了有自己的想法跟規範，但是這個想法跟規範又是一種自我價值，這樣的自我價值可能不見得跟社會上普遍的看法相同，但也因為這樣的特質，所以會吸引他人的注意，尤其是異性的眼光，因此總是能夠在一群人中展現不同於一般人的氣質魅力，這就是他被稱為行動發電機、魅力四射的原因，所以廉貞星也被稱為次桃花星，當他跟桃花星放在一起的時候，感性的一面大幅度地幫助他展現個人魅力，當然會為他帶來不少桃花，不過因為放飛自我而且聰明反應快的特質，往往就被認為是一個在傳統觀念的情感價值上受到爭議的星曜。

廉貞星有個重要的特質，稱為「廉貞清白格」，就是當廉貞星跟祿存星同宮位，或是廉貞星有化祿的時候。「廉貞清白格」說的就是這時的廉貞星會成為既廉又貞的狀態，乖乖的。不過這個說法其實有點被誤用，因為每個星曜都是在自己的命盤上發揮力量，所以任何星曜的價值通常都是自我的價值實踐，雖然我們從小受到教育，也依循一定的社會規範，因此自身的許多價值觀會受到社會上普羅大眾的價值觀所影響，就像在唐朝、戰國、元朝這些時代，哥哥死後由弟弟娶大嫂的情況就很正常，爸爸死後兒子娶繼母的情形更是常見，但是在明清兩代封閉的父權教育思想之後，現代的我們就會視這種情況為亂倫跟不可思議。當然我們會受到當下身處社會價值觀所影響，不可否認一定會有些既定的觀念，但命盤既然是自己的，自身原始的心情跟態度還是存在，所以即使是廉貞清白格，也可能只是覺得自己很守規矩，沒有礙到別人而已，但是在外人來看卻不見得如此，例如一個不爭不搶、安安靜靜的小三，覺得自己很乖，但對於正宮來說，卻不見得如此。

・廉貞七殺對宮天府

圖二十五／廉貞七殺對宮天府

跟所有的星曜遇到七殺的組合一樣，七殺會幫助身邊的星曜追求自己的價值。跟紫微在一起時，幫著紫微當上有實權的皇帝，在感情中會希望自己可以牢牢地掌控一切。跟武曲在一起時，不會考慮沒有麵包的愛情。而跟廉貞在一起的時候，如果愛情沒有辦法帶給他更多的人際關係、更多的事業幫助（事業不一定是錢），或者不能讓他看到不同的世界、開拓視野，或另一半不夠聰明，反應不快，這時七殺的特質就會展現出來快刀斬亂麻。同樣地，如果是符合這些條件的對象，七殺也會加快感情的進展。對於自己的情感很清楚，這是七殺星最大的特質，因為對宮的天府星，希望可以在情感中掌握一切。

在感情中，這樣的特質往往會給人有個性、有能力的感覺，不過如果過度發揮，也可能產生比較負面的狀況，畢竟霸道總裁要是那個有錢且願意給你錢的總裁，否則就只剩下讓人討厭的霸道了。在這個組合裡面，如果遇到了煞星或是化忌，就會表示因為放進太多情感上的情緒跟自我價值，希望別人可以接受，但往往就會變成過度控制。假使在代表現象的運限盤中出現，還可能演變成情感上的情緒勒索，甚至是肢體上的衝突。

如果是夫妻宮天府星，對宮是廉貞七殺，跟前面其它組天府在夫妻宮的組合一樣，在情感中需要掌控一切。不過跟其它組的差異在於，紫微七殺希望自己的另一半是眾人眼中有能力有事業的人；武曲七殺則是希望另一半是認真賺錢，對生活有計畫的人；廉貞七殺會希望另一半有很好的人際關係，以及在好的事業環境發展，並且要聰明機智，在情感上重視的也會是自己跟異性的關係，不會跟沒有價值的異性做深度來往。就某個層面來說，如果運限盤表示會出現的人，這個組合在運限盤來說，算是很符合社會大眾對好情人的期待。

這個組合如果是廉貞七殺在夫妻宮，天府在對宮，因為天府星對外展現出來的重視自我價值以及懂得理性思考，有謀略地尋求成果，因此，即使廉貞七殺遇到煞忌，可能在情感上出現情緒問題，但外人看來不會太嚴重。而如果天府星在夫妻宮，則表示即使對宮的廉貞七殺遇到煞星或化忌，可能在情感的處理上有點情緒化，但是天府星的理智會大幅減少這些問題。

・廉貞破軍對宮天相

圖二十六／廉貞破軍對宮天相

傳說中，廉貞在夫妻宮都會二婚，感情一生不順利的，這個是其中一組，而廉貞系組合裡最常被人說私生活混亂的，這也是其中一組。破軍愛作夢不顧現實的特質，加上內心的天相覺得一切都在自己的掌握中的心態，往往讓自己隨著感覺走，在不自覺中走向不可收拾的地步，尤其是遇到四煞星跟化忌的時候，無論是廉貞化忌還是天相化忌。有趣的是，這也是情感上最迷人的組合之一，所謂壞壞惹人愛，無論男女，在感情中能夠展現出自己最大的魅力，通常是說出一些根本無法實現空洞的承諾，這個組合就是最能說這些的其中一組。一般人吹牛說夢話，別人不見得會相信，但是這一組的星曜特質，因為廉貞的機智與反應，天相看似有條不紊的邏輯，往往讓人相信他的承諾如同十誡一般可信。可惜的是當煞星或化忌出現的時候，規則就會遭到破壞，更是受到煞星的鼓舞而放飛自我，如果你不是一個可以跟他一起瘋狂的人，往往他就會對你失去樂趣。還記得嗎？夫妻宮是自己期待在情感中受到何種對待的態度，所以當他期待有段豐富的情感，而且可以有各種不同刺激時，如果你無法配合，他自然就會找其他人配合，這也是這個組合在傳統感情價值中被罵得體無完膚的原因。談感情不就是要找到彼此適合的人嗎？夢想跟浪漫，是情感中最迷人的泡泡，如果你期待這些美麗的泡泡，或許也該知道泡泡的背後往往是空虛的。

如果是運限夫妻宮遇到廉貞破軍這個組合，就會期待自己的感情更加多彩多姿，遇到的對象或是身邊的對象會是非常有魅力且多才多藝的人。

說了這麼多這個組合的風險，也說明了我們對愛情的期待往往走在兩個極端，一邊希望浪漫，而且是那種很不切實際的浪漫，一邊又希望這位帶來浪漫的人，可以跟自己很務實地走一輩子，就像希望法拉利可以省油般地不切實際，最後就會落入一種求不得的人生痛苦中。不過，這個組合如果是廉貞化祿時，破軍正好化權，夢想跟浪漫得到一定程度的控制，將會是一段浪漫跟現實兼具的愛情，也會是遇到好情人的機會點。

・廉貞貪狼對宮空宮

圖二十七／廉貞貪狼對宮空宮

這個組合跟廉貞破軍一樣，出現在夫妻宮上，通常都被認為相當不好，主要是因為這兩個星曜都是桃花星，前面說到廉貞遇到桃花星也會成為桃花星，所以廉貞破軍算是，而廉貞貪狼更是如此。加上對宮一定是空宮，也可以借星過去，變成裡裡外外滿滿桃花，就傳統觀念來說，當然是不好的事情，因為傳統價值上感情就是要平穩單一，卻忘了感情是豐富我們的精神跟靈魂來源之一。

圖二十八／夫妻宮與福德宮，感情的狀態展現在福德宮

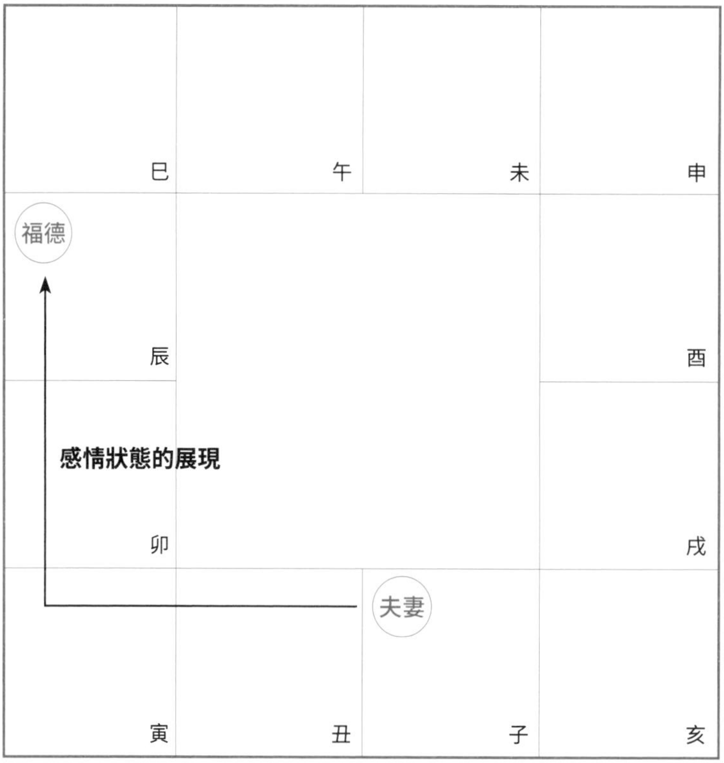

豐富的感情絕對是心靈力量的來源（圖二十八），但追求豐富的感情怎麼會變成道德上的瑕疵？其中有許多原因來自於明清兩代所建構的傳統價值，那是思想遭到禁錮的封閉年代，才會有這種不好的評價。不可否認地，因為滿滿的桃花星，所以廉貞出現在夫妻宮的組合會有在情感上懂得與異性相處，以及懂得展現魅力的特質。在運限盤中，也會在這個時間點上有許多跟異性相處的機會，這時就要看自己的選擇，如果希望感情穩定，當然就不能因為機會很多而心思奔放，畢竟夫妻宮也代表你喜歡的類型，所以感情機會多，期待更多的感情生活豐富自己，而喜歡的對象也要是人緣好、風趣幽默又博學的人，無論是自己想要追求更多的機會，或是喜歡的類型往往也是魅力四射、眾人所愛，形成好像感情不穩定的狀態，但是不一定不好。

命理學長年受到傳統思想與儒家學說的箝制，總是被建構在封建與父權的價值下，為父權王權服務（在古代，這類人是主要消費者，命理師當然要順應這些人說他們愛聽的話）。但愛情應該是每個人的人生選擇，如同工作、交友等等，如果豐富的愛情經驗是這個人的人生追求，我們又怎麼能夠用所謂傳統價值觀去說他不好呢？就像你笑一個買法拉利的人買了一輛昂貴又耗油，外加不好保養，實用性不高的車子，卻忘了自己根本買不起法拉利，有的人就是看著法拉利也開心，不用開出門，這是他的選擇。而相對來說，選擇法拉利的人就需要認清，自己將不會有輛實用的車子。要選擇愛情豐富、精采、多樣化，要身邊伴侶是萬人迷，又不能要求他好好待在你身邊，因為會有另外九千九百九十九人跟你搶。期待愛情生活多采多姿，光靠一個人無法滿足，還想要有一些曖昧對像，當然就不能夠抱怨自己總是找到花心的人，因為只有跟你一樣追求生命豐富的人才會被你吸引，不是嗎？

所以認清自己所要的，絕對是讓感情狀況變好的重要關鍵。這個星曜組合也因為貪狼跟廉貞有機會出現化忌，如果借到對宮，就會形成兩個宮位在感情上覺得有所空缺，對感情會有許多追求與期待，便很可能亂找對象。如果是化祿、化權，則會比較清楚地挑選感情對象。因為這個組合的對面是空宮，所以當對面出現文昌、文曲或陀羅的時候，無法把星曜借過去，這時就會因為個性上的糾結，或是價值觀的潔癖，反而使感情上的桃花不是那麼順利，容易挑錯對象，即使選擇機會很多，往往也會選錯人。若在本命盤，還可以利用運限盤去避免。但如果是在運限盤，通常也會建議在這個時間點，或許可以專注在工作，先將愛情放在一邊，免得找到不對的人。當然，愛情是一種選擇，如果希望終日忙著追逐愛情，每天把自己搞得心煩意亂，覺得像在演愛情電影，就又另當別論了。

圖二十九／廉貞天相對宮破軍

對比前面的廉貞破軍，廉貞天相就具備優點，但是少了風險，或許沒有廉貞破軍那麼讓人覺得風采飛揚，但是廉貞星的幽默跟機智還是存在，而且坐落在夫妻宮，在感情態度上還算是符合社會大眾的期待。破軍在對宮，一樣可以讓人感受到熱情，跟因為才華夢想帶來的吸引力，只要廉貞天相不出現化忌或煞星，就會展現有條理、進退得宜的特質，就連說情色笑話都不會讓人覺得粗俗。如果廉貞跟天相出現化忌或煞星，這時候天相的規則就會遭到破壞，自己內心原本守住的，因為從小教育跟社會環境期待建立的防守線，就會因為自己希望突破防守線，而慢慢地拉開，紅線一步步地往後退，最後變成根本沒有底線。

這組本命盤需要注意的是，是否有煞星或化忌（圖三十），如果有，則表示這個人看起來很有分寸，實際上卻並非如此。他的分寸是自訂的規則，這個規則往往就是沒有規則。對他自己來說，這就是他遵守的。當然在感情世界中，有時候沒有規則可能也是一種需求，所謂橫刀奪愛才是愛，畢竟好貨總在別人家，好男好女通常一上架就被買走，要擁有又怕等不到，那就只好搶了。在運限盤上，則表示會在感情中遇到這樣的人，以及會在情感關係中出現這樣的選擇，或許需要有不同以往的愛情態度，才能為自己打開感情困境。也或許就是因為願意接受不同的想法，所以在感情上有所突破，不過這樣的突破可能也表示感情將與以往有不同的變化。

圖三十／本命盤需要注意是否有煞星或化忌出現

此時如果破軍有化權，廉貞有化祿或是遇到祿存，可以在這個感情變換中或是心情的變化上，有較理性的思考能力，做出對自己較為有利的選擇，不會單純地憑藉著自己的情緒跟心情處理感情。通常這樣的情況也比較容易找到好的對象。因此，這個組合在夫妻宮的人，需要注意的只有是否遇到煞忌，如果本命盤已經出現煞忌，運限盤的夫妻宮若有陀羅星出現，就很容易找到讓自己感情有問題的對象。如果是運限盤，則在那個運限時間上找到的對象，往往也會讓自己落入不被祝福的狀態。

‧廉貞天府對宮七殺

圖三十一／廉貞天府對宮七殺

前面談到廉貞七殺時提到，因為天府星的關係，這是一組在夫妻宮裡相對穩定的星曜組合，但他還是太重視掌控感情，而變成受到情緒影響，不能讓人挑戰自己情感的問題。但是當廉貞跟天府放在一起，這時天府會直接影響廉貞星，所以無論廉貞遇到化忌還是煞星，天府都可以好好地控制住廉貞。天府星務實、注重實際價值的特性，為了好好地掌控好宮位狀況，可以把一切做好安排的能力，在夫妻宮上展露無遺。不過這時顯然地廉貞旁邊不是桃花星，因此廉貞只剩下對人際關係的注重，少了情感的浪漫以及對異性的吸引力，但是這並非說這個組合就會跟武曲天府一樣，缺乏一大堆對於異性的吸引魅力。

事實上，即使是武曲天府，也並非沒有吸引人的特質，只是他們相對務實的態度，讓他們無法說出那些浪漫情懷的違心之論，畢竟這世界上越是做不到的承諾越是迷人，加上廉貞又比武曲具備更多個人魅力、機智跟反應快，人緣好又聰明，無論男女都一樣迷人，更別說放在夫妻宮，表示這個人的工作能力不錯，也懂得經營感情，尤其在婚後，這是一種很懂得在感情上長久經營的星曜，所以如果希望感情長久但又不會太過於呆板的話，這將是一個好的選擇。當然這要選本命盤夫妻宮的，如果是運限盤夫妻宮，就有因為運限盤而出現的感情保存期限問題了。

・廉貞對宮貪狼

圖三十二／廉貞對宮貪狼

這個組合無論是夫妻宮廉貞或夫妻宮貪狼，通常都被罵翻了，原因大概跟前面提到的廉貞貪狼同宮相同，實際上不能夠用這樣狹隘的角度去看。曾有位客人問我，為何他的前女友是金牛座卻劈腿前男友，最後離開自己回到前男友身邊，金牛座不是對感情很忠貞嗎？雖然我沒問他為何拿占星的問題來問斗數老師，但是從我淺薄的占星理解也知道，這種巨蟹愛家、金牛忠貞的概念，基本上就跟斗數中破軍感情必然二婚、七殺無情、貪狼淫亂是一樣膚淺，先不說這樣的論點根本是錯的，就算金牛真的對感情很忠貞，在這個故事裡面也很合理啊！你看看她對前男友多忠貞啊！被人家打到分手（故事中女方是因為被打才分手），好不容易跟你在一起了，她還是選擇回去跟前男友偷情，最後甚至回到前男友身邊。這種罵不走打不跑的人，真是用情至深，情比金堅，只是這如黃金一樣的真情不是用在你身上。

廉貞在夫妻宮而貪狼在對宮也是如此，單獨存在的廉貞不會受到旁邊有破軍、貪狼還有七殺的影響，也不用擔心天相會因為化忌而想破壞規則，雖然不像天府在旁邊那麼穩定，但也不用擔心務實態度使感情相處少了浪漫。這個組合因為是人際關係（廉貞）跟桃花星（貪狼）要在互為表裡的兩個宮位內（夫妻宮、官祿宮），所以在異性緣上是絕對沒有問題的，除非你住在戈壁大沙漠裡。唯獨需要擔心的是，遇到陀羅星的時候會有鬼遮眼選錯人的情況，以及當貪狼或是廉貞化忌的時候，會因為太過期待感情到來，造成在感情對象的選擇上，或是感情的相處態度上，會讓自己落入情感陷阱，無法從感情問題脱身。那種因為期待感情，害怕孤單而讓自己擁有太多機會，或是為了無法擁有一個期待的人，結果讓自己亂找人（亂找來的通常都不會太好，這是連小孩都知道的事情），當然就無法在感情中得到自己期待的安全感。

這時除非廉貞遇到化祿，貪狼遇到化權，否則通常會建議要好好地挑選對象，或者在運限盤出現時，建議這個運限來臨時將重心放在工作上。

4 天機星．不能一成不變的愛情

天機星是個代表理性思考的星曜，也通常被認為是聰明的星曜，甚至在紫微斗數的古書上明白寫著「化氣為善」，代表善良的意思。正是因為這許多的條件，常常讓人困惑當天機星在夫妻宮的時候，這個人到底該怎麼追求感情，現實生活中也會讓人覺得好像不了解夫妻宮有天機的人。其實這是因為我們習慣性地在內心設定了對人性的單一價值觀，覺得一個人如果夠理性，怎麼會劈腿（這可能是他理性評估過其實劈腿並不會被抓到？），也無法理解一個代表善良的星曜，怎麼可能感情那麼善變，卻忘記就是因為他內心善良，所以覺得不適合，他也不會想要占用你的青春。其實在感情這件事上，我們往往會用自己想法去認定對方的心情，因此也會忘記一個人曾經用思想敏感細膩、聰明巧思吸引你，但是你卻忘記思想敏感細膩之人心裡想的是：當他覺得你無法跟他一樣的時候，他可能就會開始重新思考兩個人的關係。

之所以一直提醒夫妻宮是人們感情的態度，而不是另一半，就是因為感情態度往往才是自己在情感裡面的真實心情。我們對於另一半的追求與期待，很多時候是自己對感情的期待與追求，希望透過另一半在情感上給予我們一種我嚮往的、或者我做不到但是很希望擁有的生活價值。舉例來說，在心理學的研究，想知道另一半的性敏感帶，通常只要看他怎麼挑逗你，也就是他希望自己被挑逗的位置（這說的是純心理反射，需要排除那種全方位多功能的感情高手）。所以在感情裡面，一個心思細膩隨時在探究世界的人，當他開始探究感情，自然不會希望自己的感情是一成不變的，當他認真地在感情生活中創造各種驚喜，製造各種不同的情境，自然而然也會期待身邊的人也如此。如果身邊的人無法做到，他就會慢慢地思考彼此是否適合，各種理性考量就會出現，或許另一段感情的選項就會被考慮或者被實現，這正是為何天機星在夫妻宮時，會有很多人覺得感情不夠穩定的原因，其實這只是他的感情中不能只有單一價值，而在感情上他是懂得理性思考彼此關係的。

以上這樣的情況如果遇到天機化忌，很有可能會因為想太多反而讓自己在情感上很困擾，不知道該怎麼做決定。當然那個造成大家在情感上常常做錯選擇的陀羅星，對天機來說也有一樣的問題，如果是碰到跟地空或地劫這兩個小星星放在一起，這個會在情感上想很多或是不喜歡一成不變的情況，反而就會消失了。不過，我們感情上的真實狀況還是要看天機星跟什麼星產生組合，才能理解他自己為何變心。

圖三十三／天機對宮天梁

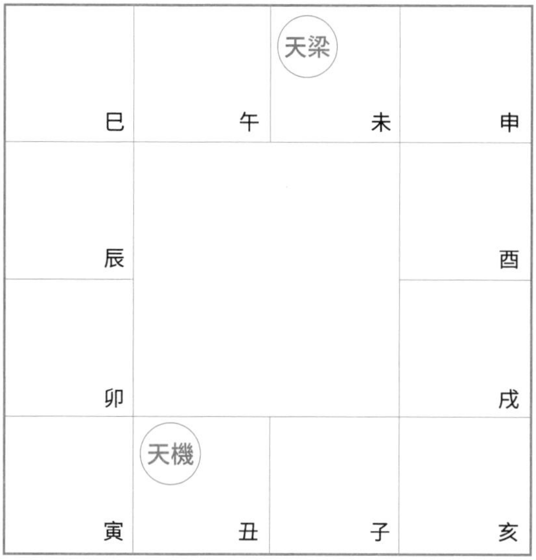
天梁
巳
午
未
申
辰
酉
卯
戌
天機
寅
丑
子
亥

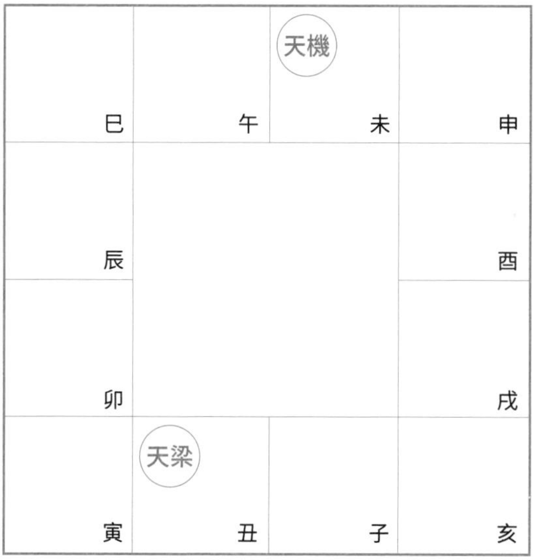
天機
巳
午
未
申
辰
酉
卯
戌
天梁
寅
丑
子
亥

天梁星具備博學跟成熟感性的特質，才會被稱為宗教跟老人星曜，其實是所謂的宗教或老人，說的就是他會有更多的對人的關懷與重視心靈層面。當他跟天機放在對宮時，就表示這個善於理性思考的天機星，也有著感性的一面。天機若在夫妻宮內，則他想的是自己是否能夠擁有一段被呵護照顧的情感，是否能夠從這段感情得到心靈的滿足，既然會期待被成熟的靈魂對待，想必他在情感上就會表現得像個孩子，因此這時的天機星，說的就是那份如同孩童般單純的巧思與慧黠，會展現在他的情感上，也展現在他對情感的態度，即便這個人表現出來的往往是自己成熟的一面。像這樣展現成熟，內心卻期待能在感情中當個孩子的表現，不可否認地，很容易讓身邊的情人感到捉摸不定（其實這也不難理解，就像聰明的人希望擁有更成熟的感情，但是成熟的感情不能只是呆呆的感情），當然也就容易在覺得對象不適合自己時考慮分手。這也是為何當天機天梁彼此在對宮時，會有變動的涵義。如果是本命盤，則他無論走到哪個大限，都會在內心隨時盤算跟思考感情的重點。如果是在運限盤的夫妻宮，就表示他正思考著這段感情是否值得自己穩定地發展下去，因此當遇到煞星跟天機同宮的時候，情緒上的衝動就會讓他做出希望自己要有所變化的行為。

這樣說來，會不會讓人覺得這個人總是感情不穩定、一直換對象呢？別忘記天機是會思考的，加上天梁的特質，這個星曜的組合並非會一直變換，而是經過深思熟慮之後才會不顧一切地改變，因此很多時候他的戀情都是會努力很久，直到無法相處了才改變，尤其是天機跟天梁都會有化權，這時在外人看來就會覺得相對穩定。當然如果是化祿或化忌或有煞星，感情上多變的心就是他內心不斷翻騰的浪潮。

・天機天梁對宮空宮

圖三十四／天機天梁對宮空宮

如果說天機是一個想很多、不喜歡一成不變的星曜，那麼天梁星就是擁有相對穩定、懂得節制的成熟心態，放在天機星的對宮，會讓天機星展現出善良且願意助人的一面，因此有時反而加強了天機星的變動特質。但是如果兩個星曜放在一起，成熟穩重的天梁星就會好好地對天機星展開維穩工作，會希望天機星發揮出思考的層面，而不是直接展現行動力，因此這個組合也常被批評行動力不足，多說多想卻少了實際動作能力。出現在夫妻宮時，這個特質坦白說有時會是小小的吃虧，畢竟感情是感性層面的情緒，沒有馬上行動的衝動，哪能讓人心動呢？

如同所有兩顆星曜的組合而對宮是空宮的星曜一樣，如果對宮是空宮，且沒有四煞星，這時候至少能給人表裡如一的樣子，對於感情深思熟慮是他的重要特質。在本命盤上來說，可能會在感情來敲門了卻裹足不前，希望擁有的感情對象是成熟且聰明智慧型，希望一切要建立在彼此有一定深度了解的基礎上（所以如果是要談那種柏拉圖式的戀愛，可以試著找這個組合在命宮的人）。在運限上則表示這個人凡事需要慢慢思考，也表示容易認識這一類的人，如果厭倦了快速泡沫的愛情，或許這時是很好的時間點。可惜的是，現代大多數的愛情一旦慢慢等著，旁邊就會有人搶走，所以這時若在夫妻宮或是對宮官祿宮有個火星、擎羊、鈴星，都算是不錯的組合，至少給自己一點動力跟計畫往前走的能力。但如果是陀羅，這種想太多的問題就會更加嚴重。在情感世界裡多一點冒險還是相當有趣的，太過期待處處依照自己需求去算計，很可能最後只能得到虛假的情感，因為只有全方位的愛情騙子，才能夠滿足你全方位的需求。

如果是夫妻宮空宮而對宮是天機天梁，當夫妻宮內沒有煞星或文昌文曲，可以從對宮借星曜過去，所以狀況很類似。如果有煞星在夫妻宮裡面，就會因為天機天梁不能被借星過去，所以除了陀羅星會出現因為無謂的各種思考而失去好緣分之外，其它的煞星多是增加了自己的行動力，不見得不好。如果是文昌或文曲，文昌會要求更多感情上的潔癖，文曲則是讓原本博學多元的思考能力變成自己的魅力。當然，這組也不希望天機星有化忌出現，否則往往會自以為聰明地做出好選擇卻並不如人意。這個天機星化忌，基本上跟夫妻宮有陀羅星一樣，所以在那個時間點就應該多聽別人的意見。如果是本命盤就如此，可能在感情路上要多參考前輩意見。這個組合如果化權（天機天梁都會出現化權）可能會希望能夠掌控情感，往往就成了不好相處的人，畢竟大家在感情中多半希望來個情人，而不是來個愛管自己的老人。

・天機太陰對宮空宮

圖三十五／天機太陰對宮空宮

覺得自己很理性跟善於思考的人，身邊如果多個心思細膩還喜歡以照顧之名，行掌握之實的人，在感情的角色中，正面來說，往往會是個體貼細膩的情人，當然也希望能找到這樣的對象。事實上，天機的組合很適合找跟自己夫妻宮一樣的人，因為天機這樣的星曜，包含天梁、巨門、天同、貪狼、破軍、天相這一類，並非追求在兩個人之間爭老大，可以避免在感情中期待當皇帝，卻找了個想當皇帝的情人來（自以為找個皇帝可以當皇后，其實皇后往往一樣是卑賤的）。上面提到的天機等星曜，可以避免這類常會在夫妻宮上面出現的問題，所以這個組合在夫妻宮內是很討喜的。但是從反面來說，很討喜通常也就表示異性緣不錯，當然表示會有很多選擇，更別說這是不喜歡一成不變的天機，以及喜歡照顧大家的太陰星了。

這個組合的對面一樣會是空宮，這樣一個感情多變，心思細膩的人，最好不要再遇到文曲這樣的桃花星，這三顆星都會有化忌的機會，這足以讓自己一直在感情的缺口上展開各類追逐，只要運限狀況不好，就會讓人非常不知所措。如果是在運限盤，則表示短時間內在情感的掌握上應該要多理性思考（天機的人當然是邏輯好，重理性思考的，但是溺水的往往都是會游泳的，天機的問題就在於好像很懂得理性思考，可惜整個運限內卻出現各類型化忌跟陀羅來影響你，就像是再會游泳的高手也怕瘋狗浪，何況是那個一直很有自信的），所以這裡說的理性思考是多參考別人的意見以及真實面對自己在感情上的需求，否則遇到陀羅星或化忌，無論是天機太陰哪一個化忌，都會讓自己容易在感情上受到許多影響。如果對宮空宮出現了火星、鈴星，除了鈴星之外，也都需要注意自己在感情上的衝動，可能會造成錯誤的選擇。當然這裡所說的錯誤選擇，也是單純的感情關係，如果喜歡享受萬人垂愛的場景，那是另外一回事了。

如果是夫妻宮空宮，對宮天機太陰，要擔心的是若有煞星進去，自己會在感情上過於衝動，看起來好像很有理性其實卻是相當感性，看起來好像心思細膩，其實是鑽牛角尖，基本上跟夫妻宮有天機太陰類似。當然如果這個組合遇到化祿或化科，大概都可以算是相當不錯的，只是面對滿滿的桃花，自己要懂得挑選。若是以傳統觀念來說，或許遇到地空地劫，反而是很好的狀態，因為會大幅降低異性魅力，以及在感情上多愁善感的問題。

•天機對宮太陰

圖三十六／天機對宮太陰

當這兩顆星曜各在一方，相對於前面提到的天機太陰在同一個宮位內，就感情來說，只要不要遇到文曲星、陀羅星跟天機或太陰放在一起，可說是理性跟感性兼備。如果天機星在夫妻宮，以天機的聰明特質，會直接展現在太陰關心跟照顧人的部分，這樣的特質非常適合放在感情的宮位。

如果是在本命夫妻宮，無論是指自己懂得體貼照顧別人，或者期待這樣的人出現，在感情來說都算是相當不錯。如果出現在運限盤，則表示此時的自己會更願意體貼別人，也容易找到這樣的對象。不過如果你是女生，而且期待一位蓋世英雄，可能就會有點小失望，畢竟蓋世英雄要蓋世，就無法只蓋到你。

這樣的特質也需要注意是否遇到太陰化忌或天機化忌，如果是天機化忌，可能總會想太多，用盡心機反而有了反效果。太陰化忌則是因為太花心思在一些小細節上，關心照顧都用在是否吃飯、為何不早點回家之類，如果身邊的人不愛這樣的方式，就會成為反效果。如果是太陰化權，更會讓人有種被控制管束的感受，好像付出體貼就該得到相對等的回報。不過很有趣的是，當這是出現在運限盤時，則化權有可能是多了一個女人出來。當然大多數時候，女生都不會希望在感情中多出一個女人。既然化權會多一個，那化祿是不是會多很多個呢？在本命盤當然不是，只能說天機的聰明跟細心溫柔為自己帶來很多的異性吸引力，在運限盤也就可能是會一直出現這樣的機會，不過話說回來，一直出現機會不也同時表示對方不是很重要，否則怎麼會讓機會一直出現呢？一個男人如果在乎你，或者你心裡已經有個重要的人，是根本不會讓別人有機會的，對吧？除非你的夫妻宮內是巨門星。（請見巨門星相關解析 P.204）。

・天機對宮巨門

圖三十七／天機對宮巨門

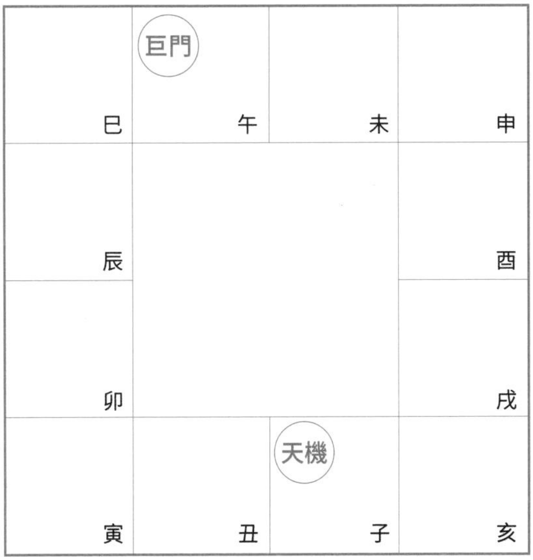

巨門在紫微斗數中是個黑洞的概念。紫微斗數將人的各種情緒用星曜代替，例如紫微是內心的自尊，太陰是安全感所在，天機是思考多變的心情，天府是期待自己可以掌握世界，每個星曜坐落的宮位，就表示在那個宮位上會特別展現各自的特質（針對這個部分，我在youtube做了一系列的免費教學影片，有興趣的讀者歡迎上網搜尋）。巨門就是我們內心的不安全感，所以如果天機在夫妻宮，而巨門在官祿宮，展現出來的當然是自己喜歡聰明且能言善道的人，這時候太陽星要在辰的位置；如果太陽是在戌的位置，則會是沉默但學識豐富的人，而在情感的追求上，也會因為有某種不安全感存在，會更期待對方為自己帶來豐富的人生（所以他才會重視對方是否能言善道與學識豐富）。如果是在運限盤出現，就表示他在追求愛情上是有所期待的，但是如果沒有遇到煞星或者出現化忌、化祿、化科，可能這份期待會因為內心的不安全感反而讓自己裹足不前，這也是不論出現在本命盤或運限盤，都會為這個組合在夫妻宮的人帶來不少機會，卻不一定有適合的對象出現的原因，因為內心的不安會同時間讓這個人在無意間展現自己的魅力，卻又頻頻思考現在的時機是否適合。

圖三十八／天機對宮巨門，太陽在辰；天機對宮巨門，太陽在戌

・天機巨門對宮空宮

圖三十九／天機巨門對宮空宮

如果天機跟巨門在對宮，會因為天機在夫妻宮或巨門在夫妻宮，造成內心的不安全感而有不同的差異，那麼當天機跟巨門同宮，這內心的不安全感就會隨時陪伴身邊。不過很有趣的是，相較於前面天機跟巨門對宮的組合，通常因為內心的不安導致在感情處理上其實有某一種天分，雖然不像貪狼跟破軍渾然天成，但也是個讓人容易忽略的發電廠，隨時準備著吸引更多異性注意自己，用博學跟才華吸引眾人。但是當天機跟巨門放在一起，卻呈現自得其樂、隨遇而安的狀態，既然感情好像不能夠是安全感的所在（他們會更加重視精神層面），那我就準備好自己，有機會就享受愛情，沒機會也不用天天尋找。

因為是對宮是空宮，所以當天機巨門在夫妻宮時，也要注意對宮是不是有煞星跟文昌、文曲，如果沒有，這是一個除了有時會鑽點牛角尖跟需要被關注之外，算是在情感上很簡單的星曜組合。但是如果有了文昌，則會表現出在情感上有很多的規則跟條件，文曲則又會太容易有情緒心思上的糾纏，當然也需要注意天機跟巨門是否化忌，否則原本的自得其樂、享受孤單、不急著尋找對象等優勢條件（亂找通常都找不到好的），就會被化忌帶來的感情空缺感給打破，容易讓自己在情感裡找不到定位，也容易出現單戀單相思，不知該怎麼與人建立關係的問題。

這個組合也跟前面的組合一樣，天機化祿、化科或是巨門有化祿是相當不錯的，會讓自己的聰明博學特質展現出來，即使是與祿存星同宮，也會有這樣的改善能力。當然這時候我們還是要看一下本命盤跟運限盤的差異。在本命盤上來說，其實是很符合傳統價值的組合，懂得愛對方，懂得思考，也不會一直在情感上尋尋覓覓。至於是否有好的感情出現，則需要看運限盤。如果是在運限盤出現，這時候若身邊有人陪伴，會是一個思考彼此關係的好時機，因為在情感中，我們常常會經過火熱的過程，卻不見得有機會為這段感情做個冷靜的安排與思考，永遠期待著火熱一直出現，卻不害怕兩個人的關係像大火燒著鍋子，就算是鑄鐵鍋可能也會被燒壞。天機巨門的思考與不安，其實某個程度會讓我們知道降溫，然後為這一段感情找到更適當的模式，雖然如果遇到煞星跟化忌同宮，會讓人在情感的反覆不安中受折磨，不過感情就是如此才迷人不是嗎？那個你最愛的人不曾折磨過你嗎？

5

太陽星．追求高貴的愛情

每個星曜在夫妻宮內都代表了每個人對於感情的期望，有人希望在感情中得到尊貴的感受（紫微星），有人希望感情為自己帶來實質的回報（武曲星），有人享受情感中你來我往的巧思變化（天機星）。而人類以肉眼觀察下，天上最亮的星星——太陽，是可以決定世間萬物生長、作息規律的一顆星，在感情中當然就是要能夠擁有一切的決定權。

如果在感情中，我們把另一半視為生命中一起努力的團隊，那麼太陽星要當的一定是隊長。在這一點上，很多人會覺得太陽跟紫微很相似，總是分不清楚。我們如果用愛情電影來說，紫微要的是當女主角，太陽要的則是當製作人或導演。女主角只要在電影演出時光鮮亮麗就可以，拍戲時吃點苦沒關係。而導演跟製作人則是不需要自己出名，但電影一定是受人讚嘆的，而且在拍戲過程中，自己握有最大的決定權，這部愛情片對他來說，不能有任何的他人意見，是他真心要照顧跟守護的成果，尤其當太陽星在旺位的時候。

這也是長久以來女生的命盤上如果命宮或夫妻宮坐落太陽星，會被視為需要遠嫁他方或是結兩次婚的原因。因為在傳統價值觀上，感情的決定權當然是男人，女人有什麼好置喙的，這麼不乖就把你嫁得遠一點（或者說洋人比較尊重女性），或者讓你離婚一次，你就會乖乖的（比較懂得控制男人的手段，或者說第二任通常年紀比較大，打不過這個女人）。如果是落陷位的太陽，如同陰天的太陽，我們的世界也會因為他而光亮，但就不會是光芒四射而炎熱。陰天給予我們的往往是更舒服的氛圍，只是有時候可能會多了一點哀傷，因為太陽只能默默躲在雲後。

圖四十／太陽的旺與落陷

旺位 巳	旺位 午	旺位 未	落陷位 申
旺位 辰			落陷位 酉
旺位 卯			落陷位 戌
旺位 寅	落陷位 丑	落陷位 子	落陷位 亥

・太陽天梁對宮空宮

圖四十一／太陽天梁對宮空宮

前面提到，天梁是個純粹的善心人士（只是當天梁化權時，常讓人感覺有點碎念），這樣的特質跟太陽擺在一起，當然會讓太陽那種想要照顧你但也要你好好聽話的特性，在情感上讓人覺得不舒服的問題大幅降低。這兩個星曜放在一起，可以說是同時具備了兩種星曜優良的特質。雖然不可否認地，如果太陽在旺位，還是會有點強勢作風，但這已經算是太陽很溫柔的堅持了，或者說是一種老人家的耐性關懷（前面提到的天梁的成熟，其實就是一種老人心態）。

這個組合的對宮也是空宮。許多書籍都說空宮不好，沒有主見、容易胡思亂想……等等，其實就感情來說，空宮相當不錯（空宮在其它宮位也沒有不好，會說空宮不好的，通常只是因為那位命理師的邏輯不好）。談感情時，我們常擔心猜不透對方的心思，但只要沒有煞星跟文昌、文曲一起在空宮內，就可以從對宮借星曜過去，這就是表裡如一的狀態，至少很清楚知道他要什麼。你可能會問：「那我夫妻宮空宮豈不是很容易讓人猜透我的心？」這可能就是感情世界裡自作孽的起因了。一方面希望別人像蛔蟲一樣知道你心裡的聲音，一方面又不想被猜透，這該如何是好？會有這種想法的人，最後往往招來高手破關，只有厲害的老司機和情場浪子才能符合要求吧！相對來說，簡單、但有原則、清楚知道自己所求，也清楚知道自己的感情價值的人，才能在感情市場裡找到自己的另一半，尋得自己在感情中值得被記憶的部分（不然你找對象跟找有線電視頻道一樣一直找來找去，會記得哪一台在演什麼嗎？）。

所以，太陽天梁同宮在夫妻宮，如果對宮沒有煞星或文昌、文曲，算是不錯的夫妻宮組合，即使是夫妻宮為空宮，對宮官祿宮有太陽天梁也一樣，唯一的差異在於有煞星時，感情可能比較衝動（擎羊、火星），或是有比較多的盤算（鈴星），但都算是懂得經營感情，願意扮演好傾聽，且願意去照顧對方並不求回報的人，在感情的處理上也相對成熟，博學又有肩膀，是個非常好的對象。當然他心裡同樣希望自己的對象也是這樣的人。如果是本命盤，可能情路就會走得辛苦一點，因為容易處處為他人著想，又不願意低聲下氣。如果是運限盤，則因為可能遇到這一類的人，通常也被視為挑選對象的好時機點。更重要的是，這樣的特質對女生而言，太陽在落陷位某個角度來說是不錯的，因為在兩個人的相處上更懂得退讓，更知道怎麼給予對方耐心跟關愛。當然以上是用傳統價值觀來做判斷，不代表我的立場。

在這個組合裡，只有太陽會化忌，可能會覺得自己總是做得不夠好。而太陽跟天梁都會化權，這時落陷的太陽比較不會強勢到讓人不舒服，若在旺位就要注意自己是否比較強勢，如果是化祿則會相當不錯，照顧對象跟經營感情會是恰到好處。

・太陽對宮天梁

圖四十二／太陽對宮天梁

如同所有雙星組合跟對宮組合的差異，太陽因為不受天梁在旁邊的影響，只是放在對宮，就會展現出在外希望像天梁一般，單純只是幫助別人的樣子，可惜骨子裡還是太陽，所以往往會有一心付出卻不見得能得到回報的問題，這是因為純粹的太陽付出跟努力是希望得到別人的重視，很可能因而忽略別人的感受跟需要，這是標準的「我做的一切都是為了你好」。

在夫妻宮有這樣特質的太陽，優點就是在感情上一定是任勞任怨、無怨無悔地付出，缺點是因為這樣的付出，就希望對方也要給予自己所需要的尊重。我們在感情中也常出現這樣的心情：「我這麼一心一意對你好，為何你不懂得珍惜？為何你不知好歹？」問題是你的付出跟自我認定的好，是否是對方需要的呢？如果不是，那你的付出是否只是滿足自己在感情中的自我設定，而非是情感中的相互扶持？這通常是太陽星在夫妻宮常見的問題（其實太陰也會，這類代表父跟母的星曜都會有這樣的問題）。所以在這個組合裡，太陽如果化忌或化權，可能就會容易在感情關係中，呈現自己做很多，但是得不到回報的狀況。在本命盤我們還可以用運限來調整，但若是在運限盤上，則在整個運限過程中，就會不自覺地做出這樣的事，這時候可能就要多告訴自己，要用對方認定的愛去付出，否則容易做白工。

當然，如果太陽在落陷位，就比較沒有這個問題，因為陰天的太陽照亮你，卻不會讓你感受到陽光的刺眼跟逼迫，更重要的是，太陽在紫微斗數中代表社會規範，落陷的太陽當然就表示他的社會道德感沒有那麼強烈，也就是比較灰色地帶的事情也可以接受。嗯！在感情上，有時所謂情趣往往是兩個人一起挑戰一些禁忌，落陷位的太陽就是個比較能夠配合的感情態度，旺位的太陽可能會訂下多一點規則，若從這個角度來看，落陷位的太陽就更加迷人了。這樣的優點不是只有這個組合，而是所有落陷的太陽都是如此，這也是我常提到的，傳統書籍上的觀念，在現實生活中可能不見得適合，因為古代的書都是所謂讀聖賢書的文人所寫，裡面會有很多正經八股的教條，但人又不是野獸，需要用這些規條來框架。

‧太陽太陰對宮空宮

圖四十三／太陽太陰對宮空宮

「老師，我會不會有雙妻命啊？」偶爾會聽到一些男人誠摯地對我發問這類內心的渴望，希望我能跟他說：「有的，你不只是可以腳踏兩條船，還可以組成聯合艦隊。」當然也有女生來問她的老公是不是雙妻命，這很可能是為了自己愛他，又不得不接受他也愛別人而來給自己找藉口，把問題推給上天的安排。太陽太陰同在夫妻宮，通常會被解釋成有兩個老婆，因為太陰是月亮，剛好一個白天一個晚上，其實在田宅宮可能也會，白天一個家晚上一個家（可惜通常是因為工作勞累要加班，才會是白天一個家晚上一個家）。

事實上，當兩個星曜同在夫妻宮，尤其又是雷同的星曜，但是個性不同時，都會有這樣的情況。例如前面提到的紫微天府，都是帝王星，但是一個要面子一個要裡子，也會有這樣的狀況。因為這類的人往往會有正反兩面的態度跟價值觀，當一個對象無法滿足他的需求，自然就會希望再找另一朵解語花。可惜現今體制之下，找個小七（便利商店）比找小三容易多了，雙妻在現今社會中是不太可能的。但是每六百人左右就會有一個人的夫妻宮是太陽太陰同宮，如果用運限盤來看，只要每一百多人就會有人有機會遇到一個大限夫妻宮有太陽太陰，可是實際上同時腳踏兩條船的人口真有這麼多嗎？在現今開放的感情世界中，或許有，但是要維持住並不容易，所以真實情況的雙妻命，其實只是這一類的人心中期待有另一個懂他的人。而且太陽太陰之所以讓人有好像內心有話沒有說，甚至會覺得是個兩面人的問題（一樣是兩種不同價值觀在一起的紫微天府，就沒有這個問題），就是因為太陽太陰都是照顧跟庇蔭的星曜，可能就是不想什麼都說以免傷害你（就像無論你再胖，都是爸媽眼中的可愛孩子），所以他會選擇不說出來。但是不說出來不表示他不需要，如果你不能理解他的想法，可能他就會希望再去找一個了。

因此，太陽跟太陰在夫妻宮內，優點是一個懂得在情感上維護關係的人，期待的對象也是同樣懂得自己各種需要，同時獨立堅強跟溫柔體貼兼備的人，而在運限的夫妻宮裡，確實需要注意可能因為得不到自己所要的感受，而去尋找另一份溫柔，而且當出現化忌、化權、化祿的時候，外遇機率都會變大。在這個組合裡面，比較特別的是文昌跟文曲會跟它們在同一個宮位，或者在對面宮位一起出現。文昌跟文曲也是兩個特質相同（都代表了內心思緒），但是個性不同的星曜（文昌是有條不紊的理性思考，文曲是巧思變化的感性思考），同時要理性感性兼備，又要太陽太陰兼顧，而且是放在以情緒感情為重點的夫妻宮，往往容易因為情感而有很多想不開放不下的問題。如果在本命盤，可以說是先天具備為情所困的體質，如果是運限盤，就需要擔心那個時間點，會因為感情事件讓自己有很多不知道該怎麼選擇的情緒問題。

這個組合無論是太陽在旺或在落陷，情況都差不多，夫妻宮是太陽太陰或是空宮，差異也不大。只是太陽如果在旺位，對於情感會有比較多的道德潔癖，也會相對強勢，在落陷的太陽則在異性關係上較不受一般世俗規範，在情感的堅持上也會相對薄弱。對煞星來說，最怕的是遇到陀羅，會讓自己在感情上更加不知所措，不知道該做何選擇，如果是擎羊、火星、鈴星，反而很會快刀斬亂麻。

・太陽對宮太陰

圖四十四／太陽對宮太陰

太陽太陰互相在對面宮位的組合，跟在同宮的差異是，在同宮的會同時具備或者希望擁有太陽太陰的特質，也會展現出這樣的態度，會有依照需要而呈現所需要的態度來對待另一半，但是當太陽跟太陰剛好在對面，就會是很清楚地呈現出其中一個星曜的模樣，就像有些人在情感上永遠會隱藏某一面，不希望你看到，甚至不希望你了解，但是他這個面向卻會展現在另一個人面前。如果是單純的太陽在夫妻宮，而太陰在對宮，就會很清楚地表現出來，在情感上會展現出自己細膩體貼的一面。雖然太陽在夫妻宮時，會希望擁有主導權，但因為對宮是太陰星，展現出來的會是比較溫柔細膩的操作。如果說代表老人的天梁星是耐心善誘，代表月亮跟母性的太陰星就會是更加溫柔有耐心，並且因為太陰星本來就是桃花星，所以在夫妻宮的對宮也會表示自己比較懂得展現吸引異性的魅力。當然，相處之後這個太陽的特質就會跑出來了，你將發現溫柔婉約的背後是希望你一切都要聽他的。如果是太陽在落陷位（太陽在戌位），就會變成陰天的太陽，沒有那麼強勢，但是相對地，這個人在情感上會有較多的變化，也比較不受到一般社會規範的約束。

這在本命盤是與生俱來的特質，如果是運限盤，除了會遇到這類的對象，以及自己會在感情中用這樣的方式對待對方之外，更重要的是容易出現一種太陽太陰在對宮的重要特質，也是會有變動的情況。這個意思還包含了可能是從遠方而來的情感，因為太陽太陰在對宮會有日月輪動的涵義，被引申為實際的轉變跟空間轉換，所以放在夫妻宮上，就會有跟過去的感情態度不同，以及感情變動跟戀情可能來自遠方的意思，尤其在有四化出現的時候。而在太陽太陰這個組合上，幾乎無論是哪一種四化，都會有在情感上投注心力的涵義，所以無論是哪個四化，都可以說感情會在這個時間點產生變化（不一定是變好或是變壞），這時候出現的人也會有吸引自己的情況，而自己也會更加願意嘗試接觸不同的生活，認識更多的對象，只是化忌可能讓自己比較揪心，化祿則會比較開心（別以為大家都會選開心的，感情有時候就是一種自虐行為），化權不可否認地也要注意感情中是否有別人在爭權，因而更希望自己可以掌握感情，但這些都是在運限盤才會出現的情況，在本命盤上會不會如此呢？若在本命盤出現，只能說自己會有這樣的心態，當感情真正來臨時，卻不見得會這樣去做。

・太陽對宮巨門

圖四十五／太陽對宮巨門

前面提過，巨門是代表內心不安的星曜，在紫微斗數的設定中，太陽會是他的救贖，有了太陽的照射，就能消除心中的不安。因為巨門星在命宮的人往往需要得到很多的讚賞跟關注，這也是巨門受太陽的旺位與落陷影響很大的原因。如果太陽的亮度夠，巨門內心的不安就會消除；如果是陰天的太陽，陰雨綿綿的是不是更容易感到孤單寂寞冷？因此在這個組合裡面，雖然說的是太陽星在夫妻宮，但是因為對宮是巨門，如果太陽星在旺位（太陽在巳位），則巨門的不安就會消除許多，只有午夜夢迴時，偶爾會對情感產生空虛與不安全感，尤其當遇到陀羅星的時候。如果太陽在落陷位（太陽在亥位），情況就會變得比較嚴重，也同時表示在情感上可以接受超出社會規範的限制，畢竟人在不安的情況下，許多限制都會自動解除。

一般來說，當太陽在夫妻宮又是旺位的時候，通常展現出來的感情態度是相當迷人的，願意照顧人的溫暖太陽特質，加上巨門的善於言論，即使是巨門出現化忌的嘴賤情況，有時候都有一種壞壞惹人愛的魅力。這時如果太陽或巨門出現化祿或化權，也都算是相當不錯，無論是本命盤或運限盤，都可以說是夫妻宮很符合大眾要求的一個星曜組合，會展現出在情感中負責任有擔當的樣子，也懂得與另一半溝通（即使溝通的目的是要你聽他的），當然也會喜歡這一類有領導能力跟魅力，善於做事情，論述能力有條理的人。這麼好的組合即便太陽在落陷位，也不會太差，如果是女生的盤，因為社會價值希望女性在兩性中能夠相對多一點包容跟柔軟，所以陰天的太陽反而是更佳的（這傳統女性價值很多時候其實都是女性自己給的，例如媽媽會這樣教導女兒，不可否認地，在愛情的人肉市場裡，這確實也是一種市場競爭力的展現）。

對了，這樣一個需要感情的組合，當然就表示他願意為愛走天涯，因此這也是一個容易出現遠方戀情的人喔！

6

太陰星．想要一個家的愛情

太陰星是母性特質，當然母親不會只有溫柔跟付出，畢竟母老虎也是一種母，所以要知道是哪一種母性，端看跟什麼星曜放在一起。無論是可愛的媽媽還是恐怖的媽媽，母愛的特質所代表的照顧（尤其是生活起居跟吃喝玩樂的照顧），以及細膩的心思、包容，與期待被包容，讓自己能夠有一份安全感的特質是不變的。因此，這種特質如果放在夫妻宮來處理感情，愛情與家的感覺往往就會連繫在一起，期待被愛的感受往往來自得到對方如同家人母性般的呵護，為了擁有這樣的感受，他也會這樣付出，期待自己在感情中可以簡簡單單、平平安安，可以享受被照顧的感覺。

如果找不到呢？當然他可能就會繼續找，一直找……

圖四十六／太陰的旺與落陷

落陷位 巳	落陷位 午	落陷位 未	旺位 申
落陷位 辰			旺位 酉
落陷位 卯			旺位 戌
落陷位 寅	旺位 丑	旺位 子	旺位 亥

・太陰天同對宮空宮

圖四十七／太陰天同對宮空宮

巳	空宮 午	未	申
辰			酉
卯			戌
寅	丑	太陰天同 子	亥

巳	太陰天同 午	未	申
辰			酉
卯			戌
寅	丑	空宮 子	亥

天同星代表我們內心的赤子之心，單純而且希望無憂無慮的特質，也是他之所以成為桃花星的原因。誰不喜歡跟一個與世無爭的人在一起呢？談感情只求好好相處不求回報的個性特質，怎麼能夠不迷人呢？只是這樣的個性特質往往也會給自己帶來許多糾纏不清的桃花，不爭奪也代表不懂得拒絕。這樣的星曜跟太陰放在一起，在情感上也是一個非常符合大眾需要的組合，尤其是女生的命盤，對待情感的態度是柔情似水，加上不爭不求，自然是很受人喜歡的，只是事情總有正反兩面，在感情裡面當然也是如此。一位充滿女性特質，對人和善的人，自然也讓人難以忘懷，因為跟太陰星放在一起，而且是以太陰星為主，所以需要注意太陰星的旺與落陷位置（太陰在子是旺位，在午是落陷位）。如果在旺位，這是一個很明確具備女性特質的星曜，但是太陰跟太陽一樣，都是天上最亮的星，所以在旺位也都有希望主導一切的涵義，只是所採取的方式不像太陽那麼直接。但如果是落陷位，如同陰天的太陽讓地面的影子沒有那麼清楚分明，對於社會價值的符合與遵守，當然也就沒有那麼清晰，比較能接受灰色地帶的價值觀。落陷的太陰如同被雲遮住，存在著光芒，但是對天空的主宰並沒有那麼令人注目，當然落陷的太陰對於普世價值的態度，就沒有那麼堅持了。

而且因為這個組合的對宮是空宮，所以要注意對面是不是有煞星，或是文昌文曲在裡面。如果太陰在子在旺位，在夫妻宮來說，絕對會是一位好太太的組合，一般傳統價值期待的好女人樣貌，在這裡可以看到，娶回家甚至還不用擔心出現妯娌問題，畢竟跟著天同，人緣絕對不差，尤其是對宮也是空宮的情況，「出得廳堂進得廚房」絕對會是她的形容詞。如果對宮有煞星，頂多就是脾氣稍微差一點，在感情上會比較敢愛敢恨。如果夫妻宮是空宮，對宮是太陰天同（圖四十八），這時候因為借星過來的關係，則是給人一副好太太的樣子，其實骨子裡是很悶騷的，相對於前面所提在旺位的太陰天同在夫妻宮看起來活潑其實內心保守，這個組合則是相反，看起來保守，內心卻熱情活潑，當有煞星進去的時候，情感上就更加願意突破傳統價值，敢愛敢很之外，也會主動追求自己所愛。若再加上文曲星，當然就是桃花爆棚。反而是加上文昌時，會讓這個星曜的桃花性質下降，在情感上會思考得比較多。

圖四十八／夫妻宮是空宮，對宮是太陰天同

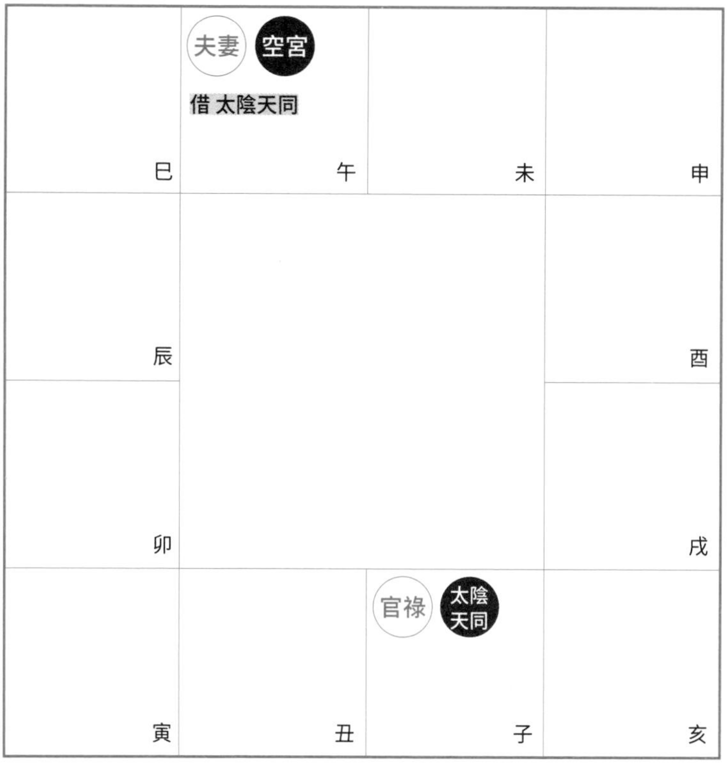

在感情上，最讓人驚豔的是太陰天同在夫妻宮，而且太陰是落陷位（圖四十九）。因為這個組合的對宮是空宮，本身在感情上的寬容度比較大，與自我的不設限，借星曜過去後，讓人感覺溫柔賢淑又個性好，但是如果有煞星在裡面，甚至有文曲，就會勇於追求感情，橫刀奪愛才是愛，在他們溫柔可憐的外表下，愛情從來都不需要自己擔心。不過，因為社會價值觀的緣故，如果女生的盤是這個組合，多多少少還是會受到社會約束，男生若是這個組合，除非運限實在沒給機會，否則很多都是情場高手，有哪個女人會不愛一個細心有趣還會照顧自己的暖男呢？在本命盤是如此，在運限盤呢？如果身邊的對象在運限內是這個組合，那麼除非住在無人島，否則在這個時間內桃花滿滿異性圍繞是自然的，只要太陰沒有化忌，基本上還不需要太過擔心，但是如果太陰化忌、化祿、化權，或是天同化祿、化權，就會需要具備一定的感情管理能力。

圖四十九／太陰天同在夫妻宮，太陰是落陷位

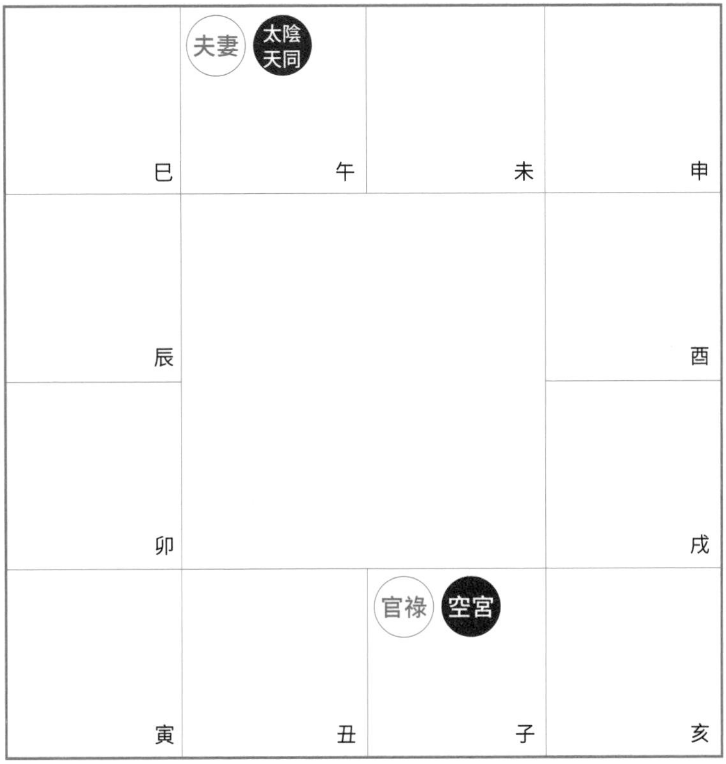

・太陰對宮天同

圖五十／太陰對宮天同

太陰天同同宮時，因為天同在旁邊影響（有時感情上就是因為好商量跟無所求，以及不懂得拒絕，反而會產生許多煩惱），加上對宮空宮，如果有煞星進去，會有比較多的變化與問題，以及太陰在旺與落陷位置不同，會有如月色在雲裡飄渺，時而美麗，時而讓人不安。若是單純的太陰對宮是天同，就會少了許多問題。如果太陰星在夫妻宮，而且太陰在旺的位置，就是看起來對人和善，其實內心根本母儀天下，好聲好氣就把你管好的最佳夫人選擇。如果太陰在落陷位，則變成是個只要身邊有愛情，一切無所求的樣子，不過這個愛情不見得單獨跟你一個人就是了。說到底，太陰在夫妻宮的人，本來就可以因為感情讓他有家的感覺、有安全感，但是只要這份感受沒有了，他也可能另外去尋找，至於是否容易再找到一個家的差異，就在於是否受傳統社會價值的控制，旺位的太陰相對會受到限制，落陷的太陰則沒有這些束縛。這時如果太陰遇到火星跟鈴星，你會發現，火熱的火星會讓太陰魅力四射，而且讓他少了許多胡思亂想的機會，但也因此總讓人對他找到的對象感到訝異，鈴星則會在諸多盤算之後，可能也找出讓人詫異的對象，畢竟在感情世界裡，太過衝動跟太多盤算往往最後找到的都不會是大眾認知的條件。在感情世界中，所謂好男好女，往往就是一個群體的最大公約數，但感情是私人的，所以我們是拿國民車的標準在找自己的專屬座車，就像拿件通俗尺碼、版型的衣服希望可以合身地套在自己身上。

太陰在夫妻宮內有化祿，當然可以說是溫柔的特質讓自己增加不少桃花機會，化權其實也可以，只是會希望在感情上擁有掌控力，化科當然也是，畢竟吸引力的產生至少要來自被眾人看見，唯獨化忌在夫妻宮上比較需要讓人擔心，本來就是桃花星而且又是一個期待安全感的星曜，這樣的感情特質產生化忌，表示他會對這樣的特質過度追求，當然就可能讓自己總是覺得找不到好對象，以及讓身邊的人有某種程度的壓力。以上這些在本命盤上來說，可以透過個性的修正以及運限來調整，在運限盤來說，就需要注意自己是不是太注重感情，甚至需要思考在這個時間點對感情的選擇，可能需要更多的理性，畢竟女人在出現情緒（有四煞），或是一直覺得不滿足的時候（化忌），可能會是一個小災難。如果這是女性的盤，在社會觀念的支持下，女性本來就該小吵小鬧才可愛，但如果是男性的盤，可能就會給人在感情上較不可理喻、不夠果斷（奇怪！為何談感情時若是女人覺得不好，自己不果斷，卻要由男人來果斷？），另外也可能因此影響事業跟工作。

圖五十一／太陰對宮太陽

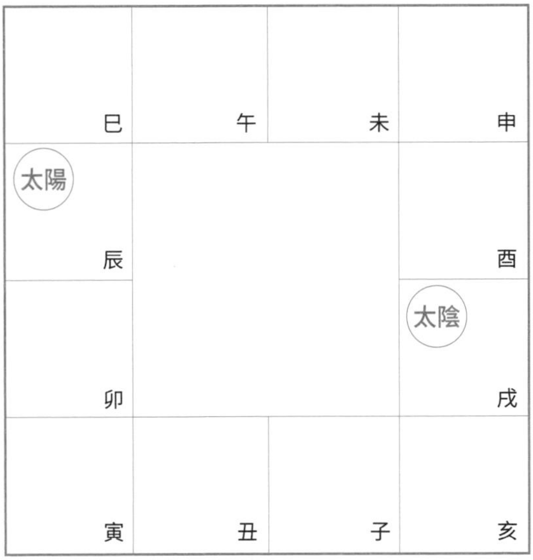
巳
午
未
申
太陽
辰
酉
太陰
卯
戌
寅
丑
子
亥

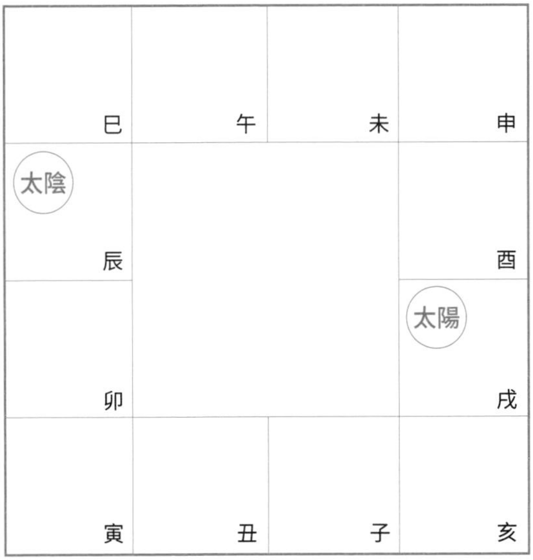
巳
午
未
申
太陰
辰
酉
太陽
卯
戌
寅
丑
子
亥

如果太陰星在夫妻宮，我們可以看到在外展現著太陽的樣子，這絕對會是一個嘴裡說著女性主義，女權至上，希望在感情上獨立自主，但內心是小女人的典範。如同在太陽星部分提及有變動的意思，在這個組合上，幾乎無論是哪一個四化出現，都會有在情感上投注心力的涵義，不一定是變好或變壞。而且這時候自己也更加願意去嘗試接觸不同的生活，認識更多的對象，只是化忌可能會比較在乎和進一步去追求，化祿會比較開心，化科則會享受大家羨慕的眼光，化權不可否認地也要注意感情中是否有他人爭權，而更希望自己能夠掌握感情，但這都是在運限盤才會出現的情況，在本命盤上會不會如此呢？本命盤只能說在感情來臨時，會有這樣的心態，但不見得會這樣去做。

・太陰對宮天機

圖五十二／太陰對宮天機

若是太陰星在夫妻宮，而天機在對宮，這個組合只要不要遇到煞星，感情態度就能穩定一點。跟天機在夫妻宮的差異在於，一個是用自己的多變展現體貼照顧的特質而吸引人，一個則是用細心溫柔照顧人的特質，展現出自己對待情人的多樣性，而且這個組合更貼近希望另一半為自己帶來許多不同的感情變化。如果是太陰化忌，則對於感情可以說是相當看重，如果是天機化忌，就會變成一談起戀愛便不知道該如何是好，一切以對方為重心。當然如果是天機化祿或化權，這就會是懂得利用細心的特質去掌握兩個人的感情脈動，讓對方知道不能沒有自己。不過無論是天機太陰同宮或是在對宮的星曜組合，其實在夫妻宮位上都相當好，但也都容易為感情所困，好的原因是這是一組懂得戀愛的星曜，浪漫、細心、巧思、感受對方的心情，種種我們從電視劇或電影中看到的浪漫情懷，小小的愛情中感動，都出現在這個星曜特質上。同時我們也可以知道，在情感中常會因為一點風吹草動就受傷，一點變化就受影響的人，一定也是心思細膩的人。這是我們常在討論感情的時候提到的，總是希望可以長相廝守，卻又無法接受長相廝守帶來的種種問題，如果所有愛情都可以停在白馬王子跟公主結婚那一剎那該有多好，可惜婚後的問題才多。

7

天同星・別無所求的愛情

如果愛情只是單純地愛一個人，天同就是愛情的同義字。萬物幾乎只有人類有愛情的概念（其他生物通常只是人類賦與的投射，例如鴛鴦根本不是一夫一妻），物種原始的本能，對於兩性關係幾乎都有其目的性，透過這樣的關係保持血統，透過血統保持地位，甚至維護自己的生存。其實愛情到了人類身上，剝開糖衣之後，我們可以發現，許多所謂愛情也只是利益考量，否則為何要考慮門當戶對，要考慮彼此收入。夫妻宮內的每個星曜都代表了我們希望在感情中得到的回報，都表示在感情中所希望尋得的特定對象，能為我們帶來早就在血液中設定好的需求。當然不是說其它星曜追尋感情的方式不對，每個人都會有對愛的期待，這沒有對錯，只是天同星卻是一個只要是愛的人，就對他無所求的星曜，他要的就是單純兩個人相處的快樂，可以不用討論金錢，甚至不用討論未來。

這樣一個純粹的心情與感情態度，讓他相當吸引人，好相處也不會有感情勒索，不求最特別，也不要求情人無怨無悔地付出，他要的只是兩個人簡簡單單的甜蜜，即使簡單到一整年兩個人在家追劇（或許有一部分也是因為天同本來就有懶散的特質）。更重要的是他甚至不要求外型，不是個外貌協會。說實在話，這絕對是像我這種胖子最好的選擇對象，胖子的可愛，天同星最知道。而這樣的個性特質，也讓天同在夫妻宮的人，尤其是女性，有不好的評價，因為感情是有佔有慾的，不計較等於是好相處，也等於不計仇，對前女友來說是個好男人，對現任女友來說，可能就會覺得為何不能好好地切斷過去式，或者為何不能跟身邊的異性保持距離，但是對他自己來說，這些可能都只是單純的朋友往來，這也是運限盤夫妻宮出現天同星時，遇到的對象可能是身邊的紅粉知己或是從小就認識的人的原因。

這樣的特質免不了也有些負面情緒，赤子之心的可愛來自於他是赤子，如果不是，就需要注意可能會是個任性跟無理取鬧的小孩。天同星如果遇到煞星擎羊、火星、鈴星，往往會成為脾氣不太好的孩子。不過優點是前面提到的那些因為太好心而產生的負面效應，可以得到改善，至少會懂得拉開與前任或身邊異性的距離，或是天同有化權跟化科時也會。但化祿則會更加容易讓身邊充滿異性朋友。如果遇到陀羅星，則會讓自己容易陷入多邊感情的問題（多邊感情不見得會是問題，只要你是時間管理大師，以及自己很享受那個過程）。

‧天同巨門對宮空宮

圖五十三／天同巨門對宮空宮

前面提到巨門是個大黑洞，而天同的美好特質來自於他具備赤子之心，如孩子一樣天真，但是若把小孩關進山洞裡面，任何孩子應該都快樂不起來，所以天同跟巨門在一起，當巨門如黑洞一般的不安全感出現時，天同的單純簡單就會受巨門的不安大幅影響。天同跟巨門一起放在夫妻宮則代表情感上很容易受到情緒影響，內心不安的感受會讓孩子無厘頭的情緒隨時出現，尤其在這個組合裡，文昌、文曲是會同宮出現的，因此在情感中，對於情緒的掌控就會是一生的功課，否則容易因為一個無由來的心情不對，就在情感的經營上做出讓自己後悔的選擇（雖然任性的孩子往往不會後悔，只是用客觀的立場來說，或許因而失去好機會）。

這個組合的對宮也是空宮，同樣要注意對宮是否有煞星，以及文昌、文曲。如果夫妻宮有天同巨門，對宮是煞星中的火星、擎羊、鈴星，有時候反而讓天同不會那麼容易糾纏在自己的情緒裡面，能夠快速地解決感情問題。但如果是陀羅，狀況可能就會加重。陀羅那個轉來轉去原地躊躇的態度，在感情世界裡相當不利，尤其容易讓自己不客觀地找各種理由，這就是我們說運限盤上如果夫妻宮出現陀羅，就是一個不適合找對象的時間點，真的要找，也最好能多聽旁人的意見，而且這是無論哪個主星都怕的事。這時候如果太陽星在旺位（圖五十四），過度情緒化的情況會減少，只會在心裡波濤洶湧；如果是在落陷位（圖五十五）就很容易讓自己陷入感情的漩渦，爬不出來。如果夫妻宮是空宮，對宮是天同巨門，沒有遇到煞星跟文昌、文曲，則會跟天同巨門在夫妻宮一樣。如果出現煞星，則前面提到受煞星影響的情況就會更嚴重，尤其是遇到文昌文曲跟陀羅，這時候就會希望自己的天同巨門可以遇到擎羊、火星跟鈴星了。用心體會感情這句話就是個廣告台詞，或者你真心不覺得感情需要面對現實，人生只要愛情就可以吃飽（這是天同的心情），否則當現實出現需要面對與處理狀況的時候，有個煞星讓自己可以快速做決定，絕對是非常好的事情。

圖五十四／天同巨門同宮，太陽在旺位

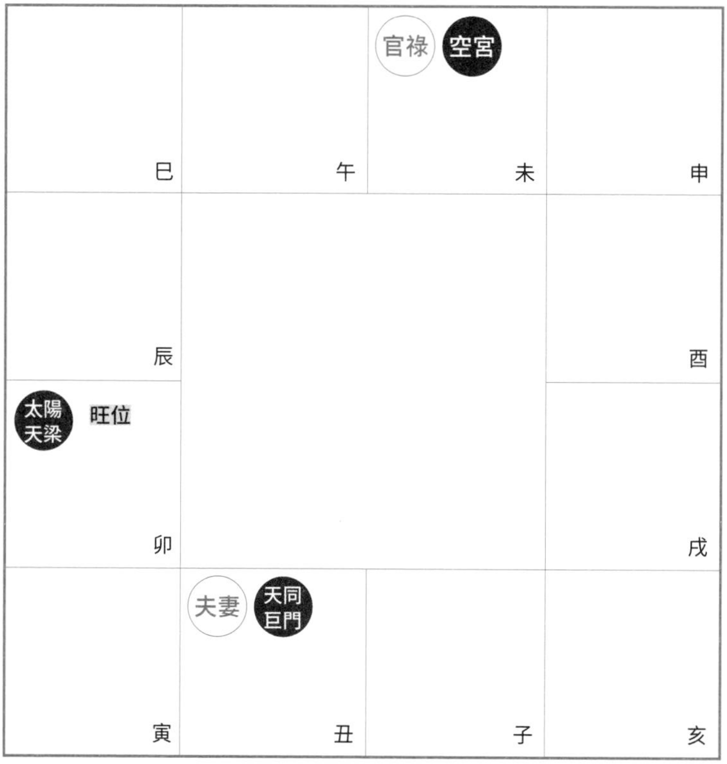

圖五十五／天同巨門同宮，太陽在落陷位

或許有人會問，天同巨門都會化祿，如果化祿會好一點嗎？化祿在夫妻宮代表有比較好的異性緣跟感情的處理能力，在運限夫妻宮，可以再加上會有新對象出現的機會，但是以上這些都不表示可以不受情緒影響，頂多是情緒湧現的時候，可以處理得比較不讓人討厭而已。化科也是如此。化權或是巨門化忌時，就可能因為情緒而與身邊的人發生衝突，單身者也會因而擋住許多桃花，這就是天同的個性以及這樣的特質容易為自己帶來許多桃花的原因，但這個組合卻是天同星系裡面在情感上最堅守崗位，至死不渝的。

‧天同天梁對宮空宮

圖五十六／天同天梁對宮空宮

天同的身邊跟著天梁這個老人星曜，著實讓天同的赤子之心多了一份成熟的愛心，在討論夫妻宮的感情態度時，這是天同組合裡最接近社會價值的組合，因為天梁星的幫助，天同少了因為天真而帶來不符合社會期待的負面周邊效應，例如容易舊情綿綿之類。這個組合也是對宮空宮，所以在對宮沒有煞星跟文昌、文曲的時候，這算是一個在情感上簡單易了解的組合，只是我們必須知道這就是一個雙星組合，而且是個特質有點互異的雙星組合，所以會在他的感情價值上，覺得他具備天同的主要特色，但是要說他會有不追求、不強求的特質，卻又不是那麼無所謂，因為天梁星會幫著告訴他，凡事要多一點思考，多一點了解，所以在平易近人跟不與人爭奪的樂天特質下，他還是會希望能夠藉由情感讓自己得到人生不同的面向。天梁是個重視心靈的星曜，因此感情能夠讓自己的心靈得到滿足，能夠讓人生得到好運，這也會是這個組合對感情的期待。因此當感情出現太大的問題，他會選擇默默離開，或許不見得會在情感上有多堅持，但在分開時卻是相當有智慧，畢竟相處時他絕對可以帶給另一半舒服自在的相處，以及豐富有趣的感受，畢竟天同或天梁都算是博學的星曜，跟一個聰明博學的人談戀愛，絕對可以避免激情過後那個無趣的場面，跟行禮如儀一直重複的單調約會。

如果還有化祿出現，跟這樣的人談戀愛絕對會很開心，成熟貼心又具備童心及可愛。當然如果是化權或化科，可能會讓人比較不舒服一點，感情要能照著他的意思走，這一點讓天同星少了份可愛，生活相處上因為對你的關心，就希望照他的意思這一點，往往也讓人覺得少了情趣。如果跟煞星放在一起，除了鈴星可以增加他對感情的經營能力，遇火星容易在遇到感情問題時有情緒起伏，讓天同失去了可愛不計較的特質。這時候的天同旁邊多了一個老人，為了感情，老人在有火有刀的時候可能會比較強勢。還好這個組合不會有化忌，也就不容易讓自己陷入感情糾纏的困境（如果遇上陀羅或是文昌星就難說了，文曲星則會讓桃花多了一點）。至於這個組合因為是空宮，這些煞星如果跟天同天梁同在夫妻宮以及在對宮空宮，最大的差異在於，在對宮時會稍微好一點，可能是談戀愛時吵架吵過就算了，在同宮則容易不吵，其實卻放在心裡。如果是夫妻宮空宮有煞星，對宮是天同天梁，表示這是一個看起來好相處，但個性卻是很強悍的戀人。這個組合要找的對象當然不會考慮這些煞星組合，他的心底認定要找個性好又能照顧自己的成熟對象。

好吧！如果運限盤中沒有煞星，這段時間將會有找到好對象的機會，尤其當天梁出現化祿，通常會有預期之外的對象忽然在身邊出現。

圖五十七／天同對宮天梁

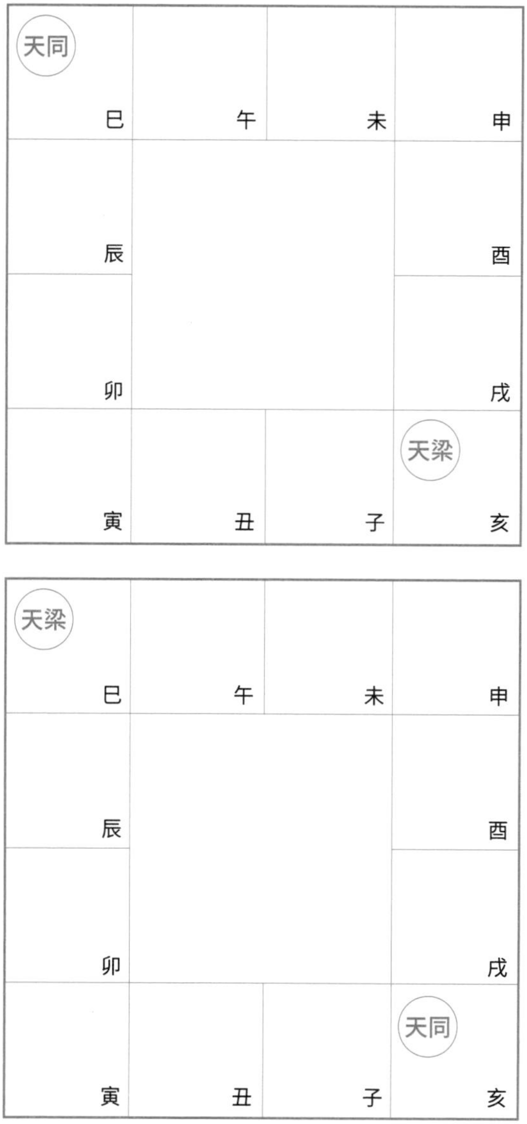
天同
巳
午
未
申
辰
酉
卯
戌
天梁
寅
丑
子
亥
天梁
巳
午
未
申
辰
酉
卯
戌
天同
寅
丑
子
亥

如果是天同在夫妻宮，表示自己在感情上充滿戀愛的心情。這個組合的優點是，因為對宮是天梁，表示自己在感情上會有所分辨，相對來說不會那麼的單純，甚至因此反而讓追求者或是另一半覺得多了一種感情的智慧，並且同時具備感情中簡單且富有童心的態度。不過，也因為對宮是對人有關懷之心的天梁，所以可能相對容易因為希望能幫助別人，而讓自己掉入感情的花叢中。

古書中天同天梁的組合通常有「放蕩不能控制，淫亂無法阻止」的評論，講的就是天同在夫妻宮對宮天梁的這一組，而且主要是女生（男人若有這種表現會被說是「風流」）。這當然就是我們反覆提到的，古代男尊女卑的價值觀深植人心，因此我常說，在古書中，女人往往都是蕩婦而男人都是才子。沒辦法，因為書是男人寫的。

・天同對宮太陰

圖五十八／天同對宮太陰

當天同在夫妻宮，幾乎就是傳統價值觀念裡完美的女人了，如果對宮的太陰又在落陷位，這樣的女人大概可以為老公付出一切，養家顧家做家事，還可以把自己打扮得很好，甚至面對另一半外遇，都可以睜一隻眼閉一隻眼，主要原因就是天同。在感情中，天同具備與世無爭的態度，即使是對宮有了太陰。大家都知道，媽媽對孩子有很大的容忍度，尤其是個性好的媽媽（當然也有太陰對宮是太陽的強悍媽媽）。如果太陰在旺位，或許個性會比較強勢，不過整體來說，這樣的特質在感情世界中一樣很討人喜歡。

人類源自動物性生殖本能而建構的感情世界，內心深層仍會有佔有慾，但很妙的是，自己希望佔有對方，卻又不希望對方佔有自己。所以在這樣的價值觀裡，天同的不計較特質變成很大的賣點，即使天同出現化權、化科，也就只是希望多得到一些你對他的在乎跟重視，化祿就更是生活以感情為重心（嗯！沒錯，我們的天同不化忌，頂多是化科當個任性的小孩，卻不會是個想要個性相反，打破規則的小孩），此時他對宮的太陰在旺位時，會在情感上展現得比較有距離感，如果在落陷位，就會回到女人味十足的狀態。不可否認地，如果是女生的盤，客觀來說，在情感上是比較吃虧的，遇到個老司機往往就會讓自己在感情上付出許多。如果是男生的盤，在感情上則是個聰明人，畢竟一個男人懂得對待感情要細心溫柔，還要能夠跟另一半像孩子一樣生活，並且知道兩個人之間要能夠多些包容，以及知道找一個這樣的女人，當然算是感情世界的勝利組。若在運限盤產生，也是一個挑選好老婆的時機點，只是這樣厲害的男人，可能也在情感市場比較搶手。

圖五十九／天同對宮巨門

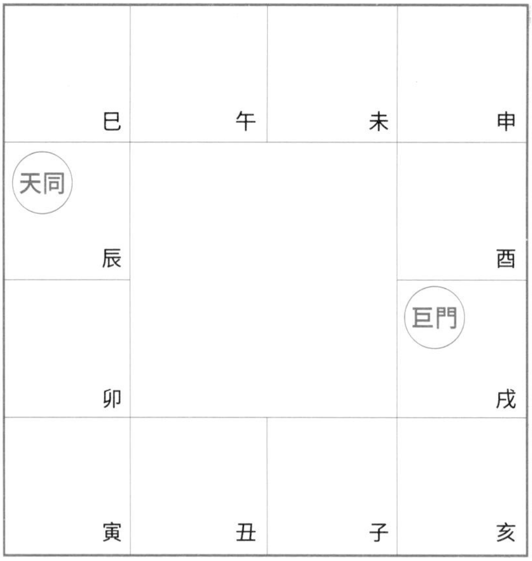
巳
午
未
申
天同
辰
酉
巨門
卯
戌
寅
丑
子
亥

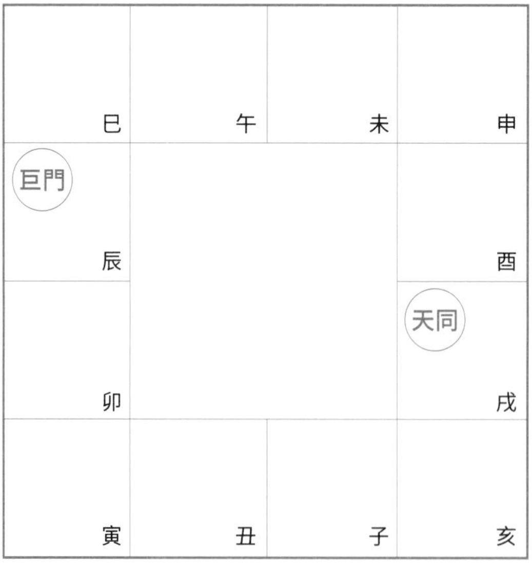
巳
午
未
申
巨門
辰
酉
天同
卯
戌
寅
丑
子
亥

如果天同在夫妻宮，因為對宮是巨門，且太陽是旺位，更是能夠將天同的桃花特質好好地展現出來。這個組合的人因為博學能言，對人細心又不計較，無論是男是女的命盤，另一半都會覺得跟他談戀愛非常快樂，幾乎適合任何一種星曜組合。除非你是女生，而且希望有蓋世英雄踏著七彩雲朵來接你，這個組合可能就有點差強人意了。不過，能夠如此吸引人的對象，身邊異性圍繞也是不得已。還好因為天同不強求的個性，即便有滿滿的異性，但除非遇到餓虎撲羊，否則這肥胖大綿羊應該是不會亂跑的。

當太陽落陷時，則是表面上這個人好像對感情沒有安全感，其實骨子裡是樂觀的，所以一樣的化忌跟化權對這個組合來說，就只是讓人覺得陰晴不定，好像內心有愛說不出。放在女生的盤，坦白說只要命宮帶的桃花星足夠，甜言蜜語幾乎不是問題。若是男生的盤，更可能因此吸引很多熟女喜愛，或是能夠增加女性的母愛而吸引異性。

8

巨門星・不安暗黑的愛情

紫微斗數明定的幾個桃花主星中，都有各自吸引異性的理由跟原因，例如太陰是在情感上追求自己對於家庭的認同與救贖，天同是因為對人的無所求，讓人感受到感情的純粹，而巨門身為代表內心黑洞的星曜，放在夫妻宮表示這個人對於感情的不安，這樣的匱乏與不安往往會讓人想要追求感情，或是對感情有所保留，因此巨門身為紫微斗數中不太被注意的桃花星，吸引人的原因卻是因為他對感情的不信任，由於不信任，所以讓自己盡量在異性面前展現出美好的一面，女性會展現氣質與美貌，男性則會展現溫厚與才華。這也表示夫妻宮有巨門的人，欣賞的另一半男生要具備豐富的才學，女生則要具備足夠的美貌跟氣質，選擇在感情上相對讓人羨慕的條件，以此證明自己的感情經營得很成功。但是這樣就能讓巨門安心了嗎？不安在命盤上是一輩子的（運限當然就只有在那個運限時間點而已），所以不安並不會因為身邊的人條件很好就感到滿足，往往需要很多備胎，才能有足夠的存糧，才不會擔心寒冬侵害，只要感情來得快，不怕分手有傷害。

巨門星很需要注意太陽星的位置（圖六十）。只要太陽星在旺位，這個巨門看來往往聰明且能言善道，尤其是出現化祿跟化權時，更讓人無法抵抗他的言論能力。這時候當然不會對他在情感上的不安有所感受，而且他就是因為這種不安才會努力讓自己變得夠會說話。如果太陽在落陷位，則可能轉成較不善言辭，說出來的話常會傷人，當出現煞星跟化忌（可以是巨門化忌，也可以是其它同宮的星曜化忌）同宮時，如果是本命盤，可能會隨著運限慢慢地變成木訥而安靜，也可能因為運限影響而變得不擅言辭，讓人都忘記其實巨門可以算是桃花星了。

圖六十／太陽在旺位的巨門，太陽在落陷位的巨門

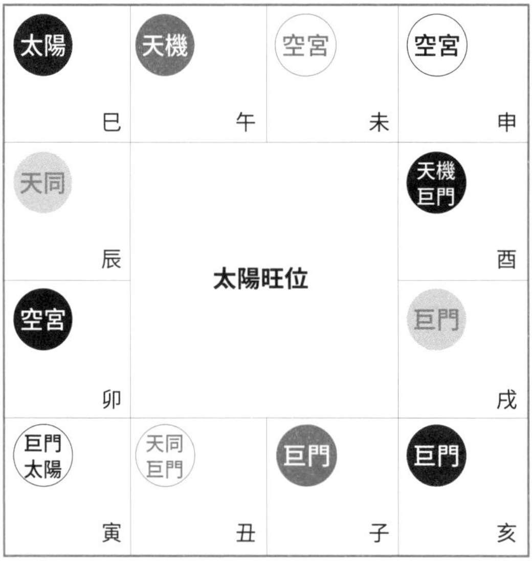

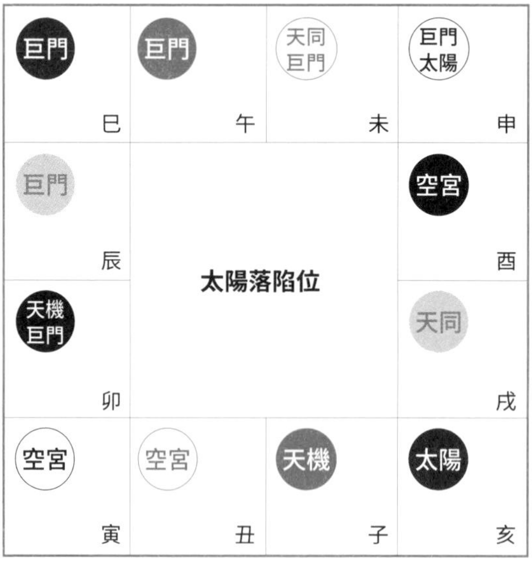

・巨門太陽對宮空宮

圖六十一／巨門太陽對宮空宮

前面提到巨門很在乎太陽是否在旺位，而且當星曜跟巨門同宮，往往會受到巨門影響，讓星曜本身的特質被抹滅了。但是在乎太陽的巨門跟太陽同宮時，很有趣的卻是讓人近乎以為是太陽跟巨門在對宮，差異只在於要考慮太陽的旺與落陷問題。

當巨門在寅這個位置，太陽並沒有那麼強烈，而且對宮是空宮，展現出來的可能會讓人覺得不像太陽巨門對宮那麼熱情，甚至有時候陰晴不定。不過當彼此成為情人，則太陽溫暖的特質、巨門能言善道討人開心的能力，都會完全地出現，這時無論是太陽或巨門化祿，都會有許多不錯的異性緣，只有化權的時候可能在情感上讓人感覺強勢，而出現化忌時，一方面會對情感有所期待，卻又可能不願承認也不懂得表達，除非加入文曲星，或者除了陀羅以外的煞星。

同樣地，如果對面的空宮有煞星，可能會有希望在感情上佔上風的問題，希望對方聽從自己的，因此容易在衝動之下跟情人有言詞爭論，這實在是情感經營中的大傷，如果愛情可以只講道理，感情就不需要感性的部分了，這種總是爭到底的問題是這個組合在情感經營時的問題，畢竟他們內心希望的對象往往是像太陽巨門對拱那樣，男的有才能，女的獨立有主見，這樣的人到底要怎麼跟他在情感上爭輸贏呢？這就告訴我們，當運限盤夫妻宮出現這樣的情況，除了有機會找到好對象之外，感情的經營也要相當理性。

如果巨門在申，這時的太陽是落陷的，表面上看起來這個人很熱情，也很懂得經營感情，但這只是外表，其實內心對感情的不安全感隔三差五就會浮現，外表強作陽光，其實內心空虛寂寞。基本上巨門太陽同宮算是巨門組合裡比較不會因為不安而需要準備備胎的一組，如果真有可能，就是在申位的時候吧！尤其是跟陀羅或化忌放在一起的時候。但優點也是因為太陽不在旺位，所以化權時不會讓人覺得強勢，如果是女生的命盤，會是比較吃香的，畢竟沒有哪個男人喜歡強勢的女人，至少表面上不會（那些因為不想努力而想找阿姨的通常不在這個組合裡）。而這個組合也是比較能夠接受情感的多元嘗試，太陽的落陷與巨門對感情的不安，讓他願意接受社會大眾認為禁忌的感情，當然也要看身邊環境，也就是運限盤，是否給他這樣的機會。若加上文昌，則會對感情有某種潔癖，加上文曲卻是在情感上多了不少情趣。

•巨門對宮天同

圖六十二／巨門對宮天同（太陽旺位的巨門、太陽落陷的巨門）

這是巨門跟天同最好的組合，天同不會直接受到巨門影響，而變得容易被情緒左右，或是生活全由感情的心理反應決定。只要這時候的太陽在旺位，幾乎巨門與天同的特質都具備，雖然會有巨門在夫妻宮或天同在夫妻宮的差異，但這時候的天同無論是在夫妻宮或對面的官祿宮，都可以展現出天同星的樂觀特質。這樣的特質加上巨門的能言善道，絕對可以發揮出最好的性能。誰會不想跟樂觀又好聊天的人在一起？所以如果巨門在夫妻宮，因為太陽在旺位，不安全感會大幅隱藏起來，加上天同在外面樂觀好相處，更是把巨門的不安全感藏得一乾二淨，除非巨門化忌，否則是很難發現的。在運限盤出現也表示能夠冷靜清楚，並且不失感性地遇到不錯的對象，更別說有出現巨門或是天同化祿了。前面一直提到在夫妻宮內化權會有因為希望能夠掌握感情而較為強勢的情況，在這個組合裡面，除非同時遇到天同跟巨門化權（這會是因為本命化權加上運限又出現），否則都可以因為巨門的能言善道跟天同的好個性其中一樣來解決，讓你可以掌握感情又不討人厭。

以上都是太陽旺位的組合。如果太陽在落陷位呢？不可否認地，巨門的不安全感就會比較清晰。如果巨門在夫妻宮，對於情感的心情起伏是難免的，相對旺位來說，就比較容易有更多機會尋求感情上的安全感，遇到巨門化忌時會更明顯，感覺上就會容易貼近天同巨門同宮的情況。不過還好天同在對宮，所以不會那麼直接地讓天同失去樂觀，而是在對感情樂觀的外表下其實有顆寂寞的心，看似對感情不在乎，其實內心一直等著被人救贖。當然這時候無論是巨門或天同化權，都會相當重視感情，也就會讓人覺得談起戀愛比較沉重，不論是男生的盤還是女生的盤，都會讓另一半比較有壓力。

・巨門對宮太陽

圖六十三／巨門對宮太陽

如果巨門在夫妻宮，不安全感直接展現在感情的宮位，即使太陽在旺位，對於感情的不安還是存在，只是對外會展現出一副我是太陽、光芒四射的樣子，內心卻是隨時擔心自己在情感上是否能夠展現得更好。優點是這樣的特質往往讓這類人更懂得努力經營情感，當然也表示他可能同時經營很多段關係，不會讓自己有落單的機會，而尋找的對象往往是對感情付出與期待的投射，所以這個組合的人也會喜歡跟自己一樣，能夠在兩人關係中展現出自己的需求以及被需求，並且希望對方會是博學而能言善道的人。如果太陽在落陷位，陰天總會讓人更加感受到感情的需求，以及對待情感的不安，並且願意更多方嘗試各種機會。這樣的心情與個性特質，自然是最好不要再遇到化忌跟陀羅，否則會讓人容易陷入感情漩渦，在本命盤時需要好好利用大限去尋找適合的人。在運限盤時則幾乎會被建議，在這個運限中容易找到跟自己想像有落差的對象，也容易在情感上自我著魔。雖然太陽的存在會讓這個人覺得世界總是繞著自己打轉，安慰著自己其實感情不算什麼。

圖六十四／巨門對宮天機

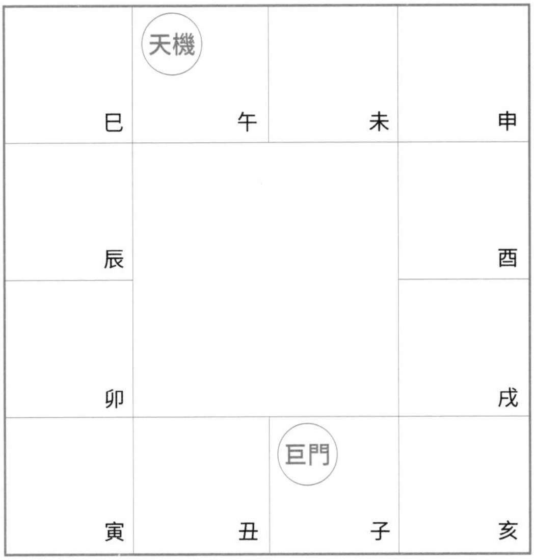
天機
巳
午
未
申
辰
酉
卯
戌
巨門
寅
丑
子
亥

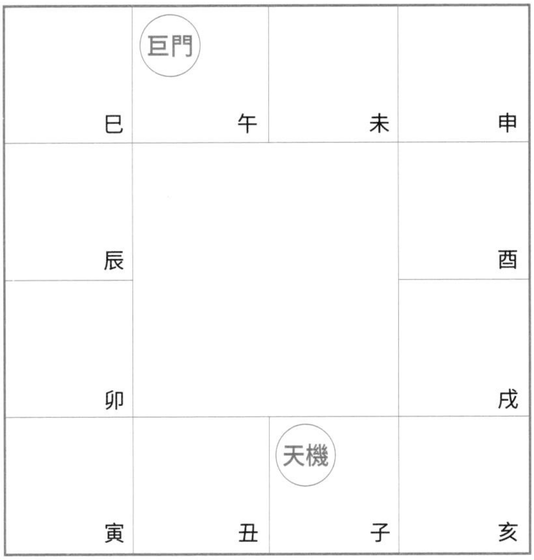
巨門
巳
午
未
申
辰
酉
卯
戌
天機
寅
丑
子
亥

當巨門星在夫妻宮，天機星在對宮官祿宮，巨門的不安全感甚至自卑感，可能因為太陽星在辰（圖六十五），而讓內心的黑暗被照亮，變成不明顯甚至看不出來的狀態（當然如果在戌就會比較明顯），只是內心的黑暗永遠是黑暗的，情感上的不安全感，會讓巨門容易在感情上追求擁有許多機會，希望可以收集更多資源，讓自己在感情上不會落敗。所以巨門星在夫妻宮也表示著另一種被大家忽略的桃花星，如同許多人在感情上會真心愛一個人，但又隨時保持喜歡很多個人，就是因為害怕一旦這個沒有了，生活怎麼辦？只要新貨來得快，不怕分手受傷害。巨門跟貪狼、破軍這幾顆星都是實踐者，不過巨門卻因為內心的不安與恐懼而努力保持這樣的競爭力，不像貪狼跟破軍是天生具備競爭力。

在感情關係上，也會希望用溝通（其實可能是爭論）讓對方理解自己，這個情況搭配上對宮的天機星，自己又喜歡聰明有邏輯的人，吵架當然是指日可待。不過，這個組合因為自身的博學與邏輯強，除非遇到天機化忌，或是巨門化忌這種腦袋不清楚或空虛寂寞冷而亂找對象，否則通常找到的對象都不差。尤其如果是巨門化祿或化權，通常在感情關係上都可以好好地擺平對方，當然這要是在本命盤。如果是運限盤，那麼這個用邏輯跟溝通擺平對方的能力就會有賞味期限，運限過完可能就失去效果。不過話又說回來，我們每個人都會有個巨門星，跟另一半溝通的時候，是不是挑選命宮或是夫妻宮有巨門星，而且是巨門化祿化權的時候，去要求對方讓自己買包包或是買新車，機會會高很多呢？

圖六十五／巨門對宮天機，太陽在辰；巨門對宮天機，太陽在戌

9 七殺星．無怨無悔的愛情

七殺星的對宮一定是天府星，所以七殺的內在特質其實是來自天府的不屈不撓與希望可以掌控一切，而且是很實質的掌握，不是那種說來好聽卻虛幻的。這似乎也可以說明為何七殺星沒有四化，因為對他來說，情感中真實的感受與掌握自己的感情，才是他追求的。許多古書甚至是現代書籍都會把七殺星在夫妻宮形容得相當糟糕（當然接下來的破軍、貪狼也一樣會被罵），其實並不然。一個人如果希望感情能夠依照自己的意志，該愛就愛該恨就恨，為了真愛可以拋棄一切，這難道不是我們在心中、在夢中，甚至在電影中所期待的愛情嗎？只不過如果你是那個被恨的，是那個需要面對七殺為了追求真愛而離開的男人／女人，或許就會覺得怒氣難消。這很正常，因為人是自私的，愛情更是自私的，只有極少數的人可以為了愛一個人，讓他追求更好的生活。這是七殺一直被罵的原因，但這又何嘗不是我們一直歌頌愛情的原因？一份對愛情的無悔付出，只要那份愛是給自己的。

擁有這種愛情特質的七殺，讓他在感情上令人又愛又恨，但感情就是如此，分得明快至少不用擔心他躊躇在複雜的選擇間，當然他愛的人也要是這樣的對象。在本命盤來說，幾乎無論是運限走進哪個組合，他都能夠打敗運限對他的影響，至少不會一直受到運限夫妻宮影響，總之可以很清楚地回到本命夫妻宮的狀態。相對來說，如果是運限夫妻宮出現七殺，也表示本命盤對他難以影響，如果剛好運限遇到陀羅，即使是對象有問題，明知道感情狀況不對，可能也會無怨無悔地衝過去。

圖六十六／七殺對宮紫微天府

巳	午	未	七殺 申
辰			酉
卯			戌
紫微天府 寅	丑	子	亥

巳	午	未	紫微天府 申
辰			酉
卯			戌
七殺 寅	丑	子	亥

若是七殺在夫妻宮，對宮是紫微天府，仍會期待對方具備足夠身分地位，或是帶有文化氣息的名門望族，同時能給予自己足夠的尊寵，或許不需像紫微天府在夫妻宮時那麼需要裡外皆備受尊捧，甚至最好在相對應的宮位出現天魁、天鉞、左輔、右弼來增加緣分或更好掌握彼此相處的模式，也因為七殺星本身的執著固執，有著一種對感情的自我想法，所以不見得需要真正得到眾人價值觀上的認同，而是覺得對方或是自己的這段感情，自我認定為面子裡子都足夠，那就可以了。這種堅持己見、自我認定的情況下，若能有桃花星放在一起，這樣的特質會變得相對柔和。

•七殺對宮武曲天府

圖六十七／七殺對宮武曲天府

如果七殺在夫妻宮，對宮是武曲天府，這樣的組合因為夫妻宮是七殺星，在感情上當然是愛了就二話不說，恨了隨時轉頭就走，這是長久以來七殺星在夫妻宮的女性一直被視為無情的原因。事實上，七殺一樣具備愛了就無怨無悔的特質。（重點是人家要愛你啊，人家都不愛你了，你不好好檢討自己做錯什麼，卻去檢討別人很無情，不給你機會。問題是愛情本來就是彼此互相的關係，你都是個渣了，為何還要求別人要給渣機會呢？怎麼不在自己成為渣之前趕快改善呢？尤其另一半的夫妻宮如果是這個組合，一定會早早跟你說好規則，那你還犯錯，真是無話可說。）

這組合相對於其它七殺星單獨在夫妻宮的組合（七殺對宮有紫微天府、廉貞天府、武曲天府三種組合），在感情上因為重視實質的金錢投報率，所以在一開始就會做許多務實的考量，在感情上懂得保護好自己。這個組合其實是我常建議客人在運限夫妻宮出現時選擇好對象的時機，尤其如果他希望感情長長久久，平平順順穩定發展，這樣一個懂得分析感情利害關係的時間點，以及因為這時候會出現這樣一個對生活務實、對感情理性的對象，而情感的長時間維繫，煙火般的熱情絕對比不上那種穩定綿長的燭光，何況還是有個天府保護著的燭光，這是個懂得有了麵包才能談感情的星曜，也是個了解任何浪漫都需要建立在理性上，如同再美的音樂也需要建構在嚴格扎實的練習上面一樣。

當然，如果你對感情的態度是破衣總比沒穿好，而且隨時想換新衣服，這個組合可能就不太適合。正在看書的你可能會想，但是七殺不是不愛了就會換嗎？七殺不是讓人覺得無情嗎？為何還說這是最穩定的一組呢？其實就是因為他都這樣認真努力地做好一切安排跟努力了，結果還是不如意，當然他就會離開。在離開前，七殺當然是做好一切的努力，天府更會幫忙想盡一切辦法，如果付出這些努力之後發現投資報酬率是賠錢的，也會馬上離開。當然，如果是七殺遇到煞星，那就另當別論，因為這時候煞星的情緒跟七殺放在一起，就會讓天府少了理性，而是完全照著自己的意思去橫衝直撞，當然在感情上就會更加偏向自私利己的態度。

・七殺對宮廉貞天府

圖六十八／七殺對宮廉貞天府

若是七殺在夫妻宮，而對宮是廉貞天府，表面上看起來會跟夫妻宮坐廉貞天府對宮七殺的組合相同，實際上這個組合因為夫妻宮是七殺，會更加重視自己所要的感情狀態跟對象，也就是說廉貞天府在夫妻宮，會懂得經營或者造成自己所需要的感情狀態，也會懂得製造找到心中對象的機會，但是七殺在夫妻宮的時候，則是看起來在感情上相當精明，實際上卻是照著內心想法勇往直前，還會覺得做了很好的安排，這個組合的人喜歡人緣好又有事業能力的對象，也重視對方的人際關係跟是否有人生計畫。

不過如果遇到煞星（還好七殺不會化忌），就容易在情感上太過固執，這樣的問題，無論是因為運限不佳遇到不好的對象（例如本命夫妻宮是七殺，加上擎羊，大限夫妻宮有陀羅星），但是身邊朋友怎麼勸都勸不聽，或是很重視在兩人關係中對方是否給予自己足夠的地位，例如要讓朋友都認識自己，如果沒有就會非常固執地堅持自己所需要的，這都會在感情上造成問題，這時即使廉貞天府在對宮，也會讓他在情感上失去理智的判斷。

其實夫妻宮內的星曜每個組合都有各自的優缺點，從星曜的組合我們可以慢慢發現，根本沒有一個是完美的，期待桃花滿滿就會有爛桃花的機會；期待遇到個性平穩可以不要亂跑的，就需要忍受他呆呆的不解風情；想聽如鴉片一般美好而不切實際的甜言蜜語，就無法期待說這些話的人不會去對別人說。而這個組合其實算是一般大眾價值觀下還不錯的夫妻宮組合，在本命盤只要沒有遇到太多煞忌，或者運限盤夫妻宮不要遇到陀羅，都算是懂得挑選對象跟經營感情的人，在運限盤通常也表示這個運限來的對象具備著願意跟自己長久經營生活。所以這個組合在夫妻宮算是很符合大眾期待。

10 破軍星．永遠可以找到最愛的愛情

這是個最懷抱夢想的星曜，破軍的特質是大破大立，在重視浪漫跟感動的夫妻宮，這絕對是個表現良好的星曜，愛情對他來說總是一個可以勇敢追求的夢，當然也不怕夢醒了，反正再作就有。就是這樣的個性特質，同樣地在傳統價值觀上一定是被罵翻了。破軍在夫妻宮時，絕大多數的書籍都會說這會二婚、有小三、外遇、婚姻不幸福等等，其實只是因為破軍星如同前面的七殺星，當愛情有問題，他會希望有所改變，如果七殺願意追求真愛而付出一切，只是真愛往往出現得晚，只好造

成一些不如人意的狀況，破軍就是在情感上敢付出也敢收回的星曜。

破軍的對宮一定是天相星，而天相是一顆講究制度跟規則的星曜，所以在破軍浪漫作夢的同時，心中會有一把尺衡量，一旦覺得感情不再美麗，就會快速地收回感情。因為當破軍在夫妻宮，若感情與交往對象沒有辦法滿足他人生的夢想，這段感情就不再值得期待與努力。這裡的人生夢想不見得是有錢有勢有地位，甚至不見得是一生的守護，可能只是兩個人可以一起完成的計畫跟一起努力的事業，或是一個你能帶給他的新視野。

這樣一個在愛情上瘋狂的星曜，如果遇到破軍化權，可以稍稍穩定一點，至少沒有那麼天馬行空，能夠更清楚落實自己在情感上的需要。所以當破軍化權在運限夫妻宮出現，也會是一個尋找好對象的時機點，畢竟愛情跟麵包都重要，我們不願意談麵包，卻需要麵包支撐所有浪漫的開銷啊！

圖六十九／破軍對宮紫微天相

破軍在夫妻宮，是透過對宮天相展現出自己在情感上的要求與規則，事實上卻是在感情上有著無限可能。感情中的浪漫故事、風風雨雨，是他期待跟驕傲的地方，這時如果破軍化祿，對於情感不計代價地追求，會是他認為自己對愛情的忠貞。破軍化權則會比較務實地考慮對感情的浪漫是否合理，如果是紫微化權或化科，則會因為重視外人的看法而對情感態度趨於保守。這樣的情況在本命當然會是一生都是如此的態度，在運限盤一樣會在這個時間點內有這樣的感情選擇，以及遇到這樣的對象，所以對於所謂的造反之局，在情感上會有各種不容於社會價值的行為出現。這種行為其實比較容易出現在運限盤上，本命盤還會受到運限的控制，雖然內心想著但是現實不一定會去做，而運限盤則是在這個當下自己要努力去完成的價值。

・破軍對宮武曲天相

圖七十／破軍對宮武曲天相

若破軍在夫妻宮，而對宮官祿宮是武曲天相，這是一個浪漫得可以不顧一切的組合，即使為愛走天涯也沒問題。但是會先觀察對方是否能對自己大方，或者說對方是否懂得理財，不過這一切都是假象，因為短暫的觀察容易被愛情剛開始的泡沫迷惑，一旦泡泡散去，真相往往不如期待。但優點是因為破軍在夫妻宮，他對感情的大破大立還是有的。如果覺得不適合，基本上可以快刀斬亂麻，正所謂只要新人來得快，愛情就不會有傷害。除非遇到陀羅星，才會讓他無法擺脫兩個人之間的糾纏。當然如果是本命的夫妻宮有陀羅，就會大幅減少這樣的灑脱，往往讓自己陷入進退兩難的問題中。

・破軍對宮廉貞天相

圖七十一／破軍對宮廉貞天相

若破軍在夫妻宮，而廉貞天相在對宮官祿宮，會讓人感覺很像廉貞破軍的組合，卻又不會那麼地讓人無法掌握。不過這個組合以傳統感情價值觀來說是小有風險的一組，因為破軍在夫妻宮，會希望能夠有不同的浪漫期待，也希望能在情感上有更多機會，透過情感認識到更多元的世界，但是因為廉貞天相放在外面，所以看起來還是一副有禮有節的樣子。

11

貪狼星・永遠期待的愛情

這是傳說中最大的一顆桃花星，放在夫妻宮，不意外地一定又被說得糟糕。古人或是很多古板的命理學說對於男女在感情中的人設，基本上是把男人當提款機，將女人當洗碗機跟自動販賣機，最好錢投下去小孩就會出來，永遠乖乖在家不會跑，只要不符合這樣的設定，都算不好。可矛盾的是，卻又同時告訴你只要夫妻宮沒有桃花，可能就沒有結婚機會。那些所謂「你過了XX歲就沒有結婚機會了」，通常都是因為在後面的時間點裡，夫妻宮沒有桃花星，於是很多人為了這句話而跟不愛的人結婚。如果命理師要拿造孽來賺錢，或者說要為自己的學藝不精而傷害別人，這種話術絕對是排行榜前三名。其實貪狼這顆桃花星每個人都有，我們總會遇到，所以千萬不要為了以後沒機會而接受現在的爛機會，難道你會因為之後沒飯吃，現在就吃屎嗎？

貪狼之所以是最大的一顆桃花星，是因為他代表人類原始的慾望，當貪狼在感情的宮位，人對情感有了天生的慾望，自然而然就會去追求、展現自己的魅力、去期待得到異性的關注。會讓自己被關注，當然就會讓自己擁有很多機會，這是貪狼成為桃花的原因。貪狼本身具備的博學跟好相處個性（博學才有方便親近的話題，好相處才能展現魅力），也讓貪狼在夫妻宮的人身邊總是圍繞著許多異性，更別說他如果加上文曲，加上化祿，推波助瀾，或者是加上火星、擎羊跟鈴星，多了些勇敢與熱情，或是懂得細細盤算，每一項都讓他在情感上加不少分數，只是不可否認地，如果本身已經具備了吸引人的特質，又一路開外掛增加攻擊能力，當然可能讓他充滿了愛，也充滿了感情上的選擇機會，機會一多或許就不符合傳統價值了。

不過很有趣的是，如果貪狼對宮是武曲，而且貪狼化忌，反倒不像其它星曜化忌的時候，會因為情感空缺而有更多追求，這時候反而因為對情感的慾望，以及對感情務實的態度，讓自己不懂得該如何對待感情（或者說對待異性）。若是在本命盤出現，會因為人生經驗而讓自己在情感上偏向保守，若是運限盤，則在那個時間點上會認真思考情感對自己的價值，除非碰到其它煞星，否則看起來也會像是急欲拓展情感關係，卻裹足不前。

‧貪狼對宮紫微

圖七十二／貪狼對宮紫微

感情往往需要經營跟手段，也需要學習跟與時俱進，這些都是貪狼的美好特質。當貪狼在夫妻宮而對宮是紫微的時候，表示雖然展現出一副追求眾人羨慕的對象條件，以及在情感中表現出期待受到尊貴對待，但實際上卻很懂得透過經營，而得到自己的需要。當然這樣的特質並非完全沒有缺點，人生會有許多層面，懂得經營感情的人當然不見得只會跟你一個人經營，因為夫妻宮代表的感情態度跟狀態，不是跟某一個人的感情態度跟狀態，所以當貪狼遇到化祿、化忌、化權，或者擎羊、火星跟鈴星的時候，很可能也表示這個人在感情上更懂得做好安排跟追求，在運限上當然就表示他的感情會有更多的經營機會。

・貪狼對宮武曲

圖七十三／貪狼對宮武曲

若是貪狼在夫妻宮，而對宮是武曲，這個組合若是出現化祿，保證相當受異性歡迎，對於金錢的大方，讓這個人無論是在感情跟工作上，都可以得到不少人緣支持，自然而然桃花盛開，武曲化科時雖然只是名目上大方，但也算是相當不錯，會得到眾人注意，武曲化權則是更加清楚知道自己所要挑選的對象，以及重視在感情中對於金錢用度的掌控，唯獨武曲化忌會因為金錢價值觀，導致情感產生問題。而貪狼的化祿、化權，則因為貪狼的慾望直接落在夫妻宮上，容易為自己帶來許多外緣，化忌則是容易對感情裹足不前，會有許多實際層面的考量。

‧貪狼對宮廉貞

圖七十四／貪狼對宮廉貞

若是貪狼在夫妻宮，雖然因為大桃花星在夫妻宮，對感情有許多的期待跟諸多慾望，但是只要沒有遇到化忌或陀羅星，通常也會因為廉貞的聰明反應快，善於分析理解人性，讓自己能夠在諸多桃花中找到真正所愛，無論是在本命盤與運限盤，都會有這些特質，差別只是運限盤會有賞味期。

12 天相星．追求精緻的愛情

天相是一個重視自我要求與規則的星曜，一切的人事物都會希望照自己設定的自我條約，按部就班地走，在感情上當然也是如此。當天相在夫妻宮，在情感的態度上就會有一定的規則，通常是受到教育環境背景影響。天相的對宮一定是破軍，所以這個組合似乎對愛情很熱情浪漫，卻又希望感情可以照著他的規則運作，才能夠將破軍的美夢完美呈現，因為他不希望美麗的愛情童話裡面出現的是個禿頭胖子，這會打破他好不容易精心建構出來的劇本。當然所尋找的對象也要是跟他一樣的人，或是願意照他安排的人。在本命盤來說，算是對感情會細細斟酌，但是也會找機會策劃安排，讓兩人迅速連結。雖然天相稱不上異性桃花，但是這個事事做好安排的特質，絕對也具備了人緣桃花，這樣的個性通常會希望對象來自身邊，所謂從朋友開始，只是開始沒多久就會馬上進入愛情的部分，除非你不是他的愛。

不過，這樣一個會把感情計畫書寫好，只求完美呈現自己的浪漫愛情的人，遇到破軍化祿，或是有煞星出現，或者是有文曲出現（有文昌可能真的會做計畫書），則會打破這樣的規則，心裡想著不應該卻又不自主陷入感情，尤其是出現在運限盤上的時候，因為不可否認地，這個星曜組合在運限盤來說也是個找好對象的機會點，只要不要碰到煞忌，尤其是天相化忌。（前面提到經過考古的考證後，其實紫微斗數四化中庚年應該是天相化忌的，這在許多驗證中非常明顯，因為天相具備官非的涵義，天相化忌其實會有與人破壞約定的意思，但是木刻古書的翻印錯版，讓後世變成是天同化忌。雖然現今因為流傳已久，所以在解釋上做些調整也合理，不過卻也因此失去了天相化忌時會讓人願意破壞自己原本規則、不受控制的意義）。當他在夫妻宮出現時，本命盤會有情感不受拘束，可以完全放飛自我。在運限盤，若是已婚的人，甚至會有婚變的機會，如果還加上其它煞星進去。

‧天相對宮紫微破軍

圖七十五／天相對宮紫微破軍

若天相在夫妻宮，而對宮是紫微破軍，在本命盤則除了表示自己喜歡的對象跟感情態度如同前面（P.68）說的一樣之外，更是對感情態度有守有為，一切要符合社會價值的高標準期待。如果是在運限盤上出現，則表示會遇到一個讓人羨慕的對象，而且無論是彼此的相處或是外人看來，都讓人羨慕，唯獨需要注意的是，如果剛好遇到擎羊、火星，無論是跟紫微破軍或是天相在一起，感情可能會比較衝動，如果是運限盤也可能是閃戀閃婚。如果是陀羅，則容易找到跟心中期待有落差的人，所謂猛一看美如花，仔細一看才知道自己眼花。如果碰到天相星化忌，則前面所有說到的規則規範，從原本的依照社會價值期待，變成依照自己的價值追求，只要自己覺得是對的，根本不管外人的看法。

・天相對宮武曲破軍

圖七十六／天相對宮武曲破軍

若是天相在夫妻宮，而對宮是武曲破軍，則會在異性面前非常大方，但是實際需要進入交往狀態時，卻會深思熟慮，想想這個人是不是真的適合自己。除非天相化忌，則許多所謂愛情條約，都可以打破，甚至會有一套說詞，覺得自己的想法非常有道理，而且是依照著心中的康莊大道行走，不容旁人置喙。這個組合最怕的是天相出現化忌，或是陀羅星與天相同宮，往往會因為自以為很有見解而找到不對的人，或是想法太多無法做好選擇，但是對宮的破軍又會影響自己，告訴自己感情就是要勇敢，但是我們都知道勇士往往會變成烈士。

・天相對宮廉貞破軍

圖七十七／天相對宮廉貞破軍

如果天相在夫妻宮，廉貞破軍在對宮，在天相沒有遇到煞星或化忌的狀態下，會比廉貞破軍在夫妻宮時穩定許多，可以說就是對外滿嘴口頭上的曖昧，心中還是會有一定的感情準則。這兩組都有一個重點，就是對另一半的期待，都要是俊男美女，重視外型跟打扮。一樣地，我們需要注意是在本命盤還是運限盤，如果在本命盤，只能說當運限中夫妻宮進入的星曜太過呆板時（例如武曲），可能會對當下的感情生活感到惆悵。

13 天梁星．成熟的愛情

這是一個代表上天給予的星曜，也因此一般會稱為代表心靈或老人的星曜，重視心靈的星曜不會是躁動的，所以這顆星曜在夫妻宮，通常也表示所追求的感情是穩重，甚至是熟成的，陳年醞釀的濃郁才是他們追求愛情的味道——從一開始的激情最後走向陳年老酒般的餘韻。深思熟慮，細細經營，會是這顆星曜在夫妻宮內的特質，因此當他跟其它星曜放在一起的時候，都會讓那個星曜加上沉穩的態度，即使是不喜歡一成不變的天機星，跟天梁放在一起都會變成懂得在感情世界追求與重視心靈溝通。

如果我們都希望能在情感中還原自己內心孩童的部分，那麼天梁在夫妻宮的人，大概最能給予我們這樣的感受，即使是化權或者碰到煞星，也不會真的太討厭他的愛管控跟性格衝動，當然他也希望能找到這樣的對象。比較特別的是，因為天梁星代表上天的給予，所以當本命盤天梁化祿，因為本命盤本來就代表上天給予，因此對象幾乎是一輩子不用愁地會自動前來，甚至通常也會是生命中的貴人。如果在運限盤，當然表示在這個運限時間內會有意想不到的人出現，如同老天把他送來你身邊。這也表示，通常建議想要拜月老（其實上帝也可以）求桃花求姻緣，在運限盤的福德宮、命宮、夫妻宮、官祿宮有天梁化祿的時候，去拜拜或是向上天求一個好緣分的機會，成功率相對會來得高。

•天梁對宮天機

圖七十八／天梁對宮天機

若天梁星在夫妻宮，對宮是天機星，表示或許內心有很多想法，但是因為天梁星的穩定，所以會給予感情更多的努力跟期待，而且也希望找的是這樣一個願意跟自己長長久久走下去的人，穩定度就會比較高。天機星也會在情感上努力地為彼此找出解決方案，尤其當天梁化權。因此當這個組合出現在運限的夫妻宮，即使我們發現了很多煞星，或許兩個人已經吵得不可開交（或者冷戰），實際上他們還是會努力為彼此找出更好的方式去維繫情感。當然太多外力影響的話，就讓人感受到不是光靠努力就可以達成。

・天梁對宮太陽

圖七十九／天梁對宮太陽

若天梁在夫妻宮，官祿宮為太陽時，會是非常好的夫妻選項，因為即使太陽在旺位，在情感上似乎希望可以主導一切，但因為本質是位善良慈悲的老人，所以其實是外強中乾，這時候即使化忌跟化權，也只是希望在檯面上給予一定的尊重。以認識跟喜歡的對象來說，這類的人無論是男女，都算是不錯的伴侶對象，非常符合傳統價值觀，不管是太陽的有肩膀、天梁的關心溫暖跟博學，在情感上都算是不錯的選擇，這也是我們常說的，凡事沒有絕對的好與壞，一個人願意為你付出，也有扛起一肩重擔的責任感，你不可能讓他一切都聽你的，因為扛起責任跟關心的同時，一定也會表示希望你照他的意思做。只是如果這個態度過度了（遇到煞星或是化忌化權），當然就讓人不舒服，如果是化祿化科，則算是他操作得不錯，做得剛剛好，不讓人討厭。

‧天梁對宮天同

圖八十／天梁對宮天同

天梁在夫妻宮這個組合，會因為對宮的星曜，而在對人的慈愛關心上表現得不一樣，同樣是成熟地應對愛情，也會有不同的表現。感情中很怕的就是，我對你的好剛好不是你需要的，甚至會變成我的付出只是為了滿足自己在愛情中的成就感。你在我的愛情宇宙中，就要接受我愛你的方式，這樣的情況最容易出現在夫妻宮有化權的時候，甚至化科都會有這類的情況，只是化科給人的感受不是那麼明顯，例如擔心你的身體，就一直在身邊念你身體不好為何還要晚睡，關心你為何總是跟同事出去應酬，男人會在你喝醉之後對你如何如何，卻忘了這可能是你人生重要的關卡，若不熬夜拿下案子，前面一年都白做了，他可能也不會注意到你與同事的應酬只是希望緩和公事上的摩擦。誰都不是孩子，誰會不知道不能熬夜，但是這時候需要的是支持的戰友，不是囉嗦老媽／老爸。總之，這類問題根本是常見的愛情殺手，典型的善心做壞事，用自己的關愛把對方推向小三跟小王的懷裡，而在愛情中的我們卻往往不自知，只會抱怨我對他那麼好為何他不懂。天梁、太陽、太陰、巨門、紫微，這類星曜都容易出現這樣的情況，而天梁星更是箇中能手，所以天梁星的對宮狀態非常重要。這個組合裡面的天梁星，因為對宮是天同，可以說是最不會受到影響的，因為天同的可愛跟赤子之心，讓人很難跟他生氣，所以這個組合即使化權了，也不會讓人感覺他想要掌控愛情裡的一切，而讓人感到討厭。

可惜的是，這樣一個算是懂得經營感情，有能力的人，卻也同時被傳為感情態度非常不佳，當然主要說的是女人。因為對外有天同的桃花魅力，本質上應該很懂事成熟，懂得經營感情的另一個意思就是有能力遊走在許多人之間，這當然要看他是否遇到足夠的運限，讓他願意成為這樣的人，或者有機會成為這樣的人，但是以本命盤來說，自身的條件是足夠的。如果在運限盤出現，通常也表示會突然出現原本不在生活圈裡面的戀人，或是很久以前的舊識忽然出現。

14

天府星．牢牢抓住你的愛情

天府星是個非常有意思的星曜，即使在紫微斗數中也被稱為帝星，但他在雙星的組合中，永遠只會跟在另一顆主星旁邊，例如紫微天府，武曲天府，廉貞天府，也就是說他其實一直都在扮演穩定跟幫助的角色。實際上他是個重視實際獲得跟規劃能力的人，並且因為天府的對宮一定是七殺星，所以會有很好的執行能力。

重視實際價值的天府星在夫妻宮內，因為本身善於策劃經營，因此算是在感情上很懂得掌握人心，懂得在情感關係中取得主導地位，而且並不像某些在夫妻宮化權的星曜，有時候會讓人感到壓力，他懂得拿捏得剛剛好，尤其當遇到文曲，甚至是紅鸞天喜的時候，通常都能夠在愛情與麵包中間取得平衡。在本命夫妻宮時，若是感情不順利，通常是因為運限太差。如果在運限盤，通常只要對宮不產生煞星或化忌，這都會是找到好對象的好時機。只是這樣一個好條件的星曜，也表示他從小就知道自己能夠在感情上主導一切，但是人生不可能天天過年，只要剛好運限太差，遇到一段自己無法掌握的愛情，可能就會覺得很痛苦，這時就要看對宮的星曜了。

圖八十一／天府對宮紫微七殺

天府星在夫妻宮，而紫微七殺在官祿宮，會很務實地考慮感情在生命中的價值，這兩個組合除非遇到文曲或是紅鸞天喜這些桃花星，或是遇到陀羅同宮，否則感情價值觀還算理性。若是在本命盤的夫妻宮，即使受到運限盤影響，都可以馬上恢復清醒，知道自己需要的是什麼，並且會不斷考驗對方。但也因為這樣，往往讓人覺得太過自我，不是那麼容易用甜言蜜語哄騙，因為夫妻宮有天府星會在感情抉擇上更加理性，更重視另一半是否有能力，以及對自己的生活與工作是否有幫助。天府在夫妻宮的人，會比較知道如何掌握感情中的分寸，所以比較不會因為紫微尊貴的特質，而在情感中太堅持立場，畢竟天府是個有謀略的星曜。在情感中，兩個人一旦戀愛，往往感性衝擊理性，理性降低，智商可能就會跟著降低，就容易用自己的情緒處理事情，所以才說感情是需要經營的，經營就不會是自己愛幹嘛就幹嘛，而是有計畫地維護兩人關係，這一點是天府星的強項，因此，雖然與紫微七殺在夫妻宮而官祿宮天府的組合所持的態度跟價值雷同，但天府在夫妻宮的人，在情感上會比較吃香。

・天府對宮武曲七殺

圖八十二／天府對宮武曲七殺

如果天府在夫妻宮，對宮是武曲七殺，則表示對待感情的態度是會好好籌劃的，比方說，這樣的人對於出去約會是否會得到好的回應，是他在約會前所做的考量。但因為天府是個善於在心底籌畫的星曜，因此武曲七殺在夫妻宮者，剛開始曖昧的時候讓人覺得很大方，久了卻發他會在金錢上有所盤算。如果天府星在夫妻宮，則是一開始讓人覺得好像很重視金錢，並且愛情上也不夠浪漫，而是很務實地討論情感未來的發展，兩人將怎麼共築人生，但是真的交往以後會發現他並非如此強硬，而是會做好周全計畫，算是醜話說在前頭的類型。這樣的組合桃花星太少，在情感上有太過務實的價值追求，不懂得感情需要一些情趣，因此喜歡的類型也會需要具備這樣的條件：一個很務實的生活伴侶，懂得重視實際的金錢使用，好好安排人生，將會是吸引他注意的對象。

・天府對宮廉貞七殺

圖八十三／天府對宮廉貞七殺

如果是夫妻宮天府星，對宮是廉貞七殺，跟前面其它組天府在夫妻宮的組合一樣，希望在情感中掌控一切。但跟其它組合的差異在於，紫微七殺希望另一半是眾人眼中有能力有事業的人；武曲七殺則希望另一半會是認真賺錢，對生活有計畫的人；廉貞七殺則希望另一半有很好的人際關係，並在好的事業環境發展，同時要夠聰明機智，對於情感，重視的也會是自己跟異性的關係，不會跟沒有價值的異性做深度往來，就某個層面來看，這個組合在運限盤，算是很符合社會大眾對好情人的期待。

這個組合同樣需要注意是否會遇到煞星，一旦遇到煞星，則原本重視人際關係、聰明機智的廉貞，就會過度掌控身邊的人，甚至變成處處希望另一半完全以自己為主，只因為「我愛你」。

Chapter 3 ♡

紫微斗數命盤中
隱藏的愛情吸引力

1

讓我的心飛到你的心

前面花了很多篇幅談夫妻宮的每一種星曜希望在感情中扮演的角色，以及期待遇到的人。絕大多數的人會從這個期待中尋找，彷彿我們心中有個已經被描繪出來的世界，從出生以來就埋藏在我們的DNA裡面，這也就是命理師常被問到的問題：「我的真命天子在哪裡」、「我的正緣在哪裡」（正緣在哪我不知道，只有用圓規才能保證正圓）。

愛情如同料理，每個人都拿到材料，卻不見得每個人都可以燒出好菜。同樣是咖哩飯就是有人能夠做得跟屎一樣，即使他的材料跟大家都一樣。這些我們自以為藏在內心的愛情ＤＮＡ，事實上跟可以找到怎樣的愛情往往不太相同（這可以說明為何愛情問題會是命理師的業務最大宗沒有之一），更別說這些自以為的愛情價值大多數都已經被社會跟媒體資訊污染，各類扭曲的價值觀充斥著我們的生活圈，因此在命理上單純利用命盤的夫妻宮星曜來判斷愛情，讓我們能了解自己的感情態度價值跟認知，在情感中找到自我定位，分析自己在愛情戰場的競爭力，這一點來說是足夠的。

不過愛情的難處就在於，這是一個以感性包覆卻需要理性面對的功課，如同一幅藝術創作，需要足夠的感性才能夠創作出美好的作品，但是要讓人發現這位好藝術家、把畫賣出好價錢，卻是靠著整個產銷制度，不懂得行銷的藝術家往往只能孤芳自賞，窮困潦倒。愛情也是如此，無論你要一夫多妻還是一妻多夫，或是一夫一妻，事實上都需要完善的經營能力，並且清楚你的愛情這間公司找到的合夥人是誰，否則就算想好好經營，可能也會因為找到不對的股東而砸鍋。這也是為何我們從小到大聽了無數的感情經營理論，看了無數書籍，也明知道那個男人有老婆不能碰，卻往往還是讓自己淪陷進情感的問題裡，或是明知道對方並不適合，甚至很明顯地違反自己設定的條件（例如身高、體重跟罩杯），你卻還是會把心眼閉起來，把原本設定的擇偶條件檔案關掉，給自己無限的理由，讓感性狠狠把理性踹到地底下。

只因為，愛的中心是一顆心，心才是重點。誰能夠從你心中挖走一塊空白，如同讓你心中出現了一片沙漠，那樣的乾渴讓你不得不重視，讓你希望可以得到滋潤，可以被滿足，這不是夫妻宮有什麼星曜找到什麼人就好，更不是自己訂下目標就可以解決。感情畢竟跟人力銀行徵才不同，客觀的條件再怎麼完美，都無法戰勝心被觸動的那一瞬間感受，而在紫微斗數命盤上，有個很好的方式來看到底是誰能夠這樣飛進你的心，帶走你的靈魂——飛化。

2

飛化的概念與邏輯

稍具紫微斗數基本觀念就會知道，紫微斗數利用命盤上的十二宮，做為我們對於生活周圍環境以及個人能力特質的分類，並且利用星曜解釋我們在這些環境中的態度跟個性特質，這是因為無論哪一種命理學，其實都是在討論環境對人產生的影響，以及因而導致的變化。每個人在面對環境變動的時候，會因為個人價值觀以及天生能力不同，而有不同的決定，因為決定的不同，產生了不同的命運。就像這幾年流行的多元宇宙觀念，不同的決定會有不同的事件發展，這是命理學在推算時一個極度重要的觀念。

至於做決定的當下，我們會受到各種影響，包含價值觀、天生的個性、當下的能力、身邊的朋友、出生的背景等等。這些變化在紫微斗數中用了「四化」這個概念來詮釋，因為在不同的時空環境下會有不同的處事態度，例如二十歲的時候會覺得男人只要帥就好，長大後會知道如果只有帥，很容易就會被黑卒吃掉，我們會更清楚定義，帥之所以會帥，是因為還要有足夠的聰明智慧跟財務與工作，這是因為時間的流動會帶來許多生活經驗，經驗會影響判斷，你的生活價值會因此產生變化。在紫微斗數上，這些變化就是用「四化」來展現，會因為時間不同，造成星盤上的星曜有四種變化產生，這是基本四化的觀念跟由來。但這些變化並不只是會因為時間不同而產生，也會因為與人的關係而產生，例如某些人無論認不認識，就是會無由來地討厭他，當然也會無由來地喜歡他，無法拒絕他的要求，甚至明明心裡討厭，但就是無法拒絕。這是紫微斗數中一個很重要的技巧跟觀念，我們不只受時間影響，還會受身邊的人影響。

紫微斗數用這個技巧解釋了人跟人相處時對彼此的影響力，也用這個方式看到我們為何會無由來地就是喜歡某個人或是討厭某個人，或者為何在情感中有些人適合跟自己約會戀愛，卻不適合跟自己生活，明明是個好情人，卻無法當個好家人，或者明明很照顧自己，身邊所有朋友都說這是個無懈可擊的好男人，從經濟條件到對自己的體貼溫柔，都可以打滿分，可惜自己的內心卻對他沒有一絲一毫的感動。

前面提到，人類是唯一除了生殖與地盤權力，還有生存機會之外，真正具備兩性情感的動物，這份情感說到底根本無法用理性來判斷。所謂夫妻本是同林鳥，大難來時兩分飛，這在鳥類是真的，在人類可能不見得如此，人類是有可能因為某些情緒與感受而做出非理性判斷的（其實還滿常出現的）。尤其在感情中，我們在很多時候根本不會對自己的情感做理性判斷，這是為什麼呢？你可以用宗教來解釋這是前世姻緣，也可以怪自己當時年紀小不懂事，但很重要的是人跟人之間本來就存在著彼此的影響能力，這樣的影響能力，在紫微斗數中我們用四化來表示，另外一個人可以用出生年天干來代表他的天生特質（華人的紀年方式會用天干跟地支，例如 2022 年是壬寅年，壬是天干，寅是地支），而這個天干會造成命盤上的星曜產生變化（四化），等於改變了我們的價值觀跟行事態度，甚至改變我們的命運，例如某個人的生年天干是己，己的四化是武曲化祿，貪狼化權，天梁化科，文曲化忌，而剛好我的財帛宮有個武曲星，當這個人成為我的生意夥伴，他就可以為我的財帛宮帶來改變，造成我財帛宮上的武曲星化祿，增加我的賺錢能力，這是人跟人之間飛化的基本看法。

不過，既然是討論那個讓人揪心的愛情（看愛情電影就知道，只有揪心的部分讓你感動，整段都歡樂可能讓人睡著，現實生活其實也是如此），這時候看的當然是四化裡面跟心最有關係的「化忌」了。

3

【飛化應用】化入內心，在你心裡刻上我的名字

四化中的化忌，在情感上對人最具影響力。「忌」這個字拆開來為「己心」，自己的內心，說的就是內心的空缺、內心的需求，所以當有一個人造成你化忌，就是造成了你的內心對他有所需求，一種你不能沒有他的概念。

你有需求於他，以市場供需來比喻，就像有人滷豬腳，多年來固定用一種醬油，如果換了醬油，可能口味就變了，風味就不道地了，這時候，就是這種醬油化忌給他了，只要沒有了這個醬油，豬腳滷起來的味道就不對，所以即使賣醬油的老闆態

度不好，一旦得罪他，你就會失去醬油（空缺產生），為了滷豬腳，你可能還得忍氣吞聲。醬油如果漲價了，不買又要因為沒有醬油產生空缺，所以要忍耐，除非有一天醬油漲價到比豬腳還貴，根本無法再做生意，你才會放棄，這就是化忌的概念。

有個人造成你化忌了，你會有不能沒有他的感覺，即使他客觀上看來可能並不是你所期待的，甚至對照前面討論各星曜在夫妻宮內，可以看到自己所喜歡的對象類型，通常都是所謂心中真命天女跟白馬王子的形象，但是如果某個人化忌給你，你可能就會為了他打破原本心裡的規則。說到這裡，聰明的你就可以知道，既然化忌有可能打破情感上原本做出的選擇，當然就是要在夫妻宮產生化忌，才會產生效果。

不過，我們會因為生命價值與個性決定態度，那麼代表生命價值跟天生個性的命宮，當然也會受到影響，甚至可能比夫妻宮更明顯，但是只有這幾個宮位受影響嗎？當然不只，如同我們在情感上往往會對一個人有所愛戀，會因為這個人照顧自己，或者朋友都稱讚這個人，或者他讓自己在情感上有所依賴，各式各樣的原因，因此某個人造成我們心裡不能沒有他的宮位當然也會有許多種。

以下就看看當別人的出生年天干造成我們的命盤上化忌，以感情來說，會在哪些宮位影響我們。要注意的是，對照前面的四化表（P.61），然後用對方的出生年天干找到（通常農民曆就有），再依照那個天干查詢哪個星曜化忌，接著對照自己的命盤，是否這些化忌的星曜出現在接下來說到的宮位內，可能他就會造成你在這些宮位上有所空缺而不能沒有他。當然也可以反過來，看看自己是否造成對方命盤上有該有的化忌出現，所以對方不能沒有你（圖八十四）。

圖八十四／對方出生年天干為乙，命盤夫妻宮為太陰，造成太陰化忌

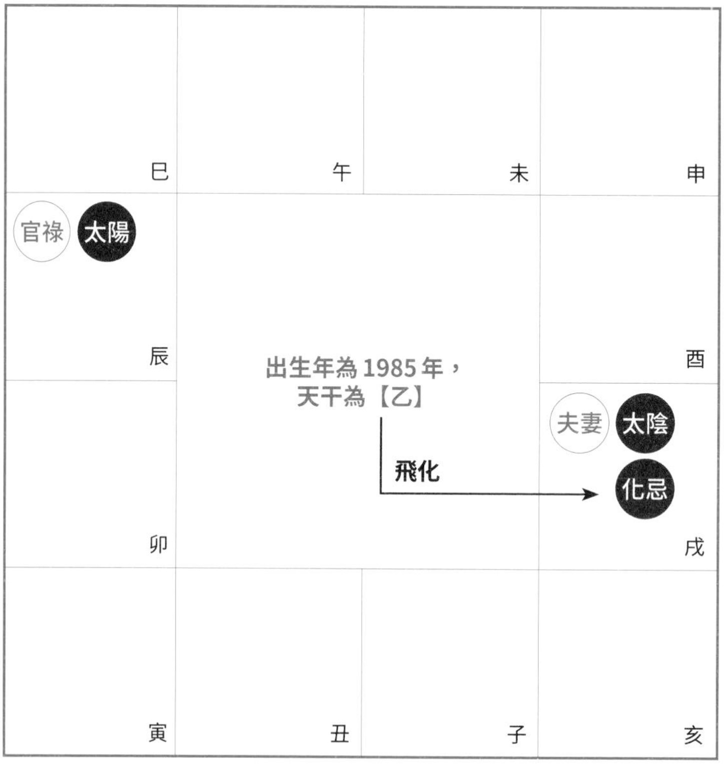

・化忌在夫妻宮

夫妻宮代表感情的價值觀與態度，對方讓你的感情感到空缺，表示若是情感上少了他，就會覺得情感缺乏，連帶地組成夫妻宮的三方四正等四個宮位都會受到影響（官祿宮、遷移宮、福德宮），自己的工作情緒、內心的想法，以及對外展現讓外人看到的樣子，以及精神跟靈魂，都會受到影響。

・化忌在官祿宮

官祿宮為夫妻宮的內心，對方讓你在感情的內心感到缺乏。跟夫妻宮化忌最大的差異在於，夫妻宮化忌是在情感上直接造成你覺得因為他而感受的空缺，因此連帶地跟夫妻宮有關係的另外三個宮位都會受到影響。但是在官祿宮時，卻只是在面對情感時，心情上會有點空缺感，卻不見得會受到很大的影響，在夫妻宮就像滷豬腳買不到醬油，官祿宮則是那個醬油的味道不太對，不至於讓滷豬腳完全無法販售。

・化忌在遷移宮

遷移宮是展現在外的人際關係跟內心想法。化忌在遷移宮表示心裡有著這個人，但是不是一定要跟他在一起卻不見得，就像王家衛電影《一代宗師》裡面章子怡演的宮二小姐對葉問說：「我曾心裡有你。」但是宮二小姐並沒有因此選擇葉問，即使他們日後有機會再相遇。

・化忌在命宮

命宮因為是十二宮的老大，我們雖然在面對人生各種事項與環境時，都會有各自的態度，一個人可能在老婆面前是一條蟲，但在朋友面前可能是一條龍，不過卻都會受到基本個性左右，這就是命宮對各宮位的影響，因此化忌在命宮當然也會有巨大的影響力。

‧化忌在福德宮

福德宮是愛情感動展現的宮位，愛情帶來的悲歡離合，給我們的心靈層次感受，都會展現在福德宮上。如果化忌在福德宮，當然表示自己在心靈上少不了這個人，但這也僅是心靈層面，生活跟肉體層面（好的感情還是需要身體跟心靈並進）可能就沒有那麼需要。例如這個人化忌在你的福德宮，你心裡會想著他，喜歡跟他談論未來跟心事，但是不見得需要跟他上床。

‧化忌在子女宮

就命盤來說，子女宮是夫妻宮的兄弟宮（圖八十五），人生隨時隨地都需要好兄弟的幫忙，所以子女宮可說是夫妻宮的好幫手，正所謂在感情上沒有不能好好談的，如果有，床頭吵床尾和，不能好好談，就好好做一次，一次不行就來兩次。

不過，這樣的化忌產生需求，可能在年輕的時候效果很直接，就像我們年輕的時候談戀愛往往是因為朋友起鬨，年紀大了就會自己判斷，年紀再大一點，感情世界中的助攻好兄弟——「子女宮」，即使對方造成自己感受很美好，讓人覺得少了就有缺憾，也會因為年紀漸長趨向理性思考之後，降低了化忌在子女宮的吸引力。

圖八十五／子女宮是夫妻宮的兄弟宮

僕役 巳	遷移 午	疾厄 未	財帛 申
官祿 辰			子女 夫妻宮的兄弟宮 酉
田宅 卯			夫妻 戌
福德 寅	父母 丑	命宮 子	兄弟 亥

說到這裡，相信我的讀者或是稍有涉獵紫微斗數的人可能會有疑問，為什麼都在談化忌？難道化祿不比化忌好嗎？會這樣想的原因，是多數書籍都會告訴你化祿有各種的好處。化祿的基本概念是本來不屬於你而多出來的，誰不希望可以擁有本來不屬於自己而多出來的東西呢？（當然事實上並非如此，這當然也是造成許多書籍對於化祿的錯誤解讀，多出來的不見得是好事，例如你會希望夫妻宮內多出個女人跟你搶老公嗎？）別人化祿給你的夫妻宮，當然可以解釋成他讓你在感情裡有更多的緣分跟美好的機會與感受，帶來原本你沒有的愛情。或者讓你覺得有許多開心的時光，因為他化祿給你的福德宮。所以在紫微斗數的世界中，其實有許多流派認為應該要化祿才好，但我相信會這樣說的老師，一定是沒有經歷過真正刻骨銘心的愛情。一個人給予我們好處，給予我們開心，跟給予我們豐富的生命，我們不見得會愛他，不見得會不能沒有他，或者說那份愛不會真正進入我們的心房。感情的化忌就像家中有某個房間住著原本親密的人，現在他離開了，房間還在，但是人去樓已空，午夜夢迴檢視心房深處，那份空虛會讓你期盼著這個人快回來，回來重新住進你心裡。為何說那是一個刻在你心裡的名字，因為刻在你的心裡，就像從心裡挖掉了你的心，寫上他的名。

因此，化忌才具備更大的影響力，化祿只會讓我們對這個人有好感，或許因而有機會往來，不過化忌才是真正讓人心動的主因。當然可能會有人想到，兩個至死不渝彼此相愛的人，自然是雙方彼此化忌給對方的狀態，我不能沒有你，你不能沒有我，互相在對方心裡挖洞刻名字，當然這時就要看彼此化忌在對方的什麼宮位。前文已經告訴大家，化忌在那幾個宮位雖然都有用，但是用途不同，可能效率也不同。如果按照現今大眾普遍對愛情有所恐懼，提倡人要先愛自己，人家才會愛你，以保護自己為優先，忘記各種媒體電影所闡述轟轟烈烈的愛情，都是以犧牲自己為優先的高尚情懷，在重視個人的價值觀之下，或許對方化祿給你，但你化忌給他反而是個很好的選擇，因為他不能沒有你，而你頂多是負責讓他開心，如果你不想負責就可以快閃，不用害怕自己不能沒有他或是離不開，畢竟人是會變的，其實這些化來化去的也並非一定的保證。（據說某個早期知名流派，非常反對彼此子女宮化忌，這一點很妙，坦白說除非你是老人家，否則子女宮化忌產生的性吸引力，往往會讓人失去理智，突破障礙，費洛蒙的爆發通常才是引爆感情的起點，子女宮彼此化忌應該是個非常高燃點容易引爆的組合。為何這個流派會反對呢？因為他們覺得這樣兩個人在一起後可能會短命，身體不好。好吧！或許這也有可能，畢竟這兩個人可能會太忙著製造子女，這應該也是一種命理學上對人的關心吧！）

・飛化技巧須對應真實人生狀態

關於飛化的技巧，當然是好用又實惠，幾乎可以簡單判斷出兩個人彼此是否互有吸引力，即使不是命理師，沒有看過很多命盤，大多數的人（我的讀者群大約以三十至五十歲為最大宗）總也聽過許多神奇的愛情故事：某個男人花心到根本堪稱花卉博覽會主辦人，卻為了一個其貌不揚的女人定了下來；一個女生自身條件很好，身邊總是圍著高富帥，最後卻下嫁窮小子，而且是一見鍾情；你掏心掏肺掏金融卡都追不到的女人，別人只需要一場電影就搞定，那是因為感情本來就是一種動物性本能的吸引，一種不理性的情感爆發，所以或許我們可以用命盤上的星曜分析這個人喜歡什麼、在感情中喜歡扮演什麼角色、期待受到怎樣的對待，但是真實的情感世界卻往往不是如此，所以用飛化的技巧，很多時候反而可以直指人心，一下子就看出來兩個人是否會互相吸引。如果對方化忌給你的福德宮和夫妻宮，但是你化忌給他的都在僕役宮、父母宮這類無關緊要、幫不上忙的宮位，你還沒機會讓他春風百度欲仙欲死，他可能就已經搞得你散盡家財生不如死了。所以某個角度來說，用飛化來對應兩個人的盤或許更有效果，不過這個技巧也有些需要注意的地方。

首先，這個飛化的技巧並非對每個人都有用，例如你化忌給湯姆克魯斯，應該是沒用的，所以這個技巧只能用在彼此有真實機會接觸，客觀條件來說是有機會交往的情況下，才會產生作用。更嚴苛一點，甚至需要考慮前面章節提到的，你會不會是他喜歡的類型？可能會有人想到，剛剛不是才說，飛化可能會讓人不照著原本的價值觀做選擇嗎？為何又說還是需要參考前面章節的夫妻宮星曜呢？沒錯，飛化確實會讓人忘記原本的價值觀，受到你的影響，但是這個飛化的技巧需要建立在彼此已經有機會往來的情況，如果你化忌給一位女生，她是你公司的同事，就有機會影響她，不過，她夫妻宮天相，很重視另一半的外型，至少不能太胖，可惜你跟老師我一樣，是個一百二十公斤的胖子，這樣你可能連約她的機會都沒有，也就沒有化忌給她的可能了，除非你能夠為自己創造出機會（其實胖子不用擔心，因為大多數的美女都愛胖子，老師的影片有詳細解說，依照星曜屬性來說，美女的命盤通常夫妻宮都有機會是胖子，有興趣可以看我的免費教學影片）。所以我們也不用擔心全班男同學都化忌給你，會讓你手忙腳亂，無法選擇。

另外一個問題是，這個方法其實不是只有化忌到本命盤那幾個宮位才有用。常有網友問到當夫妻宮是七殺，對宮是紫微天府，依照老師說法，是不是一輩子都不會真正深愛某個人？只要看了這本書就會知道，影響感情的不會只有夫妻宮跟對宮，還有命宮、福德宮可以為一個人至死不渝，不然也還有子女宮可以選擇，讓人用肉體綁住你的心，甚至於真的沒有機會深愛一個人，從某個角度來看，也符合現代人希望別人愛自己多一點的愛情觀。不過，最重要的是，在命盤上會造成化忌的不只是本命盤，這個技巧也可以用在運限盤（運限盤的找法在此不再贅述），所以你可以化忌到別人的大限夫妻宮，這十年他都不能沒有你，失去你就好像心裡少塊肉，即使離開你跟別人在一起，心裡還是刻著你的名字，讓他的新情人恨你恨得牙癢癢。還好大限過去肉就長回來了，因為你僅是化忌在大限夫妻宮，而一個大限也就十年，你造成的影響頂多十年，如果在大限最後兩年跟你交往，那也不過影響兩年而已，大限第八年交往，第九年分手，思念一年，第十年換了大限，馬上把你忘光光。當然這也表示，為何有人在交往前幾年會為了得到你的關愛，可以把自己整個世界都給你，但是可能過個年後，一瞬間轉變態度，因為你不再化忌給他的運限夫妻宮了。說到這裡，我的讀者都很聰明，一定有人馬上想到運限盤還有流年跟流月，沒錯，如果是流年跟流月，可能賞味期限只有一年跟一個月了。

我們本來就很有可能因為年紀與環境的影響而改變愛情觀，例如年紀輕的時候，有人造成自己夫妻宮內太陽化忌，一個有領導能力、有領袖魅力甚至帶點父親或大男人影子的男人會深深吸引你，讓你覺得他的果斷（獨裁）是一種魄力，他的照顧（掌控）是一種安全感跟被呵護的感覺。隨著年紀增長，你的運限轉換，當夫妻宮變成了武曲，那個太陽化忌給你的男人可能變成你的子女宮，你會更重視另一半是否可以給你金錢的實質保障，沒有麵包的愛情對你來說只是一種虛幻，身邊那個人如果還在太陽化忌，你可能就會因為他是否拿足夠的金錢回家，滿足你現階段對夫妻宮的看法，再決定是否讓他繼續扮演大男人。所以這個飛化的技巧，如果要用傳統感情價值觀來說，希望牽了手就可以走一輩子，而不是上了床都不知道一個月後還能不能看到他，那麼化忌所在的宮位可能就必須在本命盤才實際，至少也要是大限盤（或許每十年讓自己重新有個選擇也是一種生活態度）。我們也必須知道自己對對方的影響會有多久，是否當下的哭天喊地不能沒有你，只是因為流月的影響。

回歸本質上的選擇，如果這人只是因為化忌影響你，但是跟你命盤上的夫妻宮星曜有著極度的反差，這是否也表示，其實這不見得會是你內心深處真正期待的愛情模式，無論你心裡多不能沒有他，骨子裡他也不會是你期待的人，在情感的相處與選擇上，勢必就會產生巨大的問題跟摩擦。你愛他，卻因為你原本就期待著另一半是個蓋世英雄，可惜他只是演得很像蓋世英雄，好比猴子穿戲服。這樣的心情相信許多人都有過，剎那的心動讓我們忘記內心真正的需求，然後一路為了自己的心動跟需求抗爭，反覆傷害自己甚至是對方，最後兩個人遍體鱗傷之後，才學會轉身尋找另一個人（或是運限轉換了，不再化忌，所以腦袋清楚了）。但是如果我們沒辦法在感情中懂得理性深思自己要的是什麼，當夫妻宮出現煞忌，無論是時空環境給的，或是別人化忌給的，都將讓我們淪陷在感情的問題中，這樣的情感不但不能為我們的生活增添價值，讓我們的靈魂感受滿足，更留下一場場做不完且折磨自己的功課，這還是自己攬過來的。

Chapter 4 ♡

愛情生活中的小幫手：子女宮、田宅宮、兄弟宮、僕役宮

①感情不是兩個人的事

紫微斗數為何會被視為最進步的命理學?因為除了用圖表格式(命盤十二宮)、將人生的時間流動概念,透過具備立體結構的各運限盤顯示出來之外,在宮位上還有個很重要的觀念:一個宮位不會單獨存在。也就是我們不會單純地因為愛不愛一個人,就決定愛他的表現,或是決定是否結婚、是否疼愛對方、甚至是否對他棄之不顧,因為各種生命中的情緒與選擇反應,都由各種宮位組合而成。

例如我們很愛一個人,但是個性重視朋友,就會讓自己在情感與朋友之間做選擇。又如母親對我恩重如山，我的愛就會包含母親的價值觀。愛情的選擇除了與夫妻宮相關的三個宮位有關——代表內心展現出來的心情（官祿宮），對外人際關係影響我們愛情產生的機會（遷移宮），愛情帶給我們心靈的影響（福德宮）——還有其它幾個宮位也對我們有所影響，例如前面介紹過的子女宮，這是夫妻宮的兄弟宮，感情上的幫手。當然它的對宮田宅宮也會影響我們的感情狀況，因為田宅宮代表家庭的觀念跟環境。如果子女宮是夫妻宮的兄弟宮，是感情的幫手，那麼真正的兄弟宮就是夫妻宮的父母宮（命盤上十二宮有固定位置，命宮順時針一格一定是父母宮，逆時鐘一定是兄弟宮。P.299 圖八十六）。

父母宮代表我們的出生環境和我們的起源，夫妻宮的父母宮是兄弟宮，當然指我們的感情觀會受代表兄弟宮的母親所影響（在紫微斗數中，兄弟宮代表的是母親），無論是女性情感會受母親的感情態度，或受母親與父親的感情狀況影響，或是心理學上來說，男性的第一個戀人通常是自己的母親，也會將母親的形象潛在地做為挑選對象的形象（或者相反），無論如何，母親對我們的感情有許多影響力。兄弟宮也代表另一個意思——我們的同性別兄弟姊妹，所以對宮的僕役宮代表的交友關係也會影響我們的感情狀態。這四個宮位是比較少被注意到，但對感情會有所影響的宮位，可能是對我們的感情有所幫助，例如你總是可以從朋友中找到如意郎君（如意郎君不表示只有一個，所以「總是可以找到」這個說法沒有問題），或是你會因為母親反對而必須忍痛離開所愛。感情的世界就是這麼奇妙，感情從來不是單純的兩人世界，所以才說感情是要用心（其實是用腦）去經營的，接下來介紹這幾個宮位對夫妻宮的影響。

圖八十六／兄弟宮是夫妻宮的父母宮

2 愛情的姿勢有時候勝過知識：子女宮的強大影響力

前文談到飛化時提及，很多時候化忌到子女宮比化忌到其它宮位都有用，我們都能夠理解，動物中人類是唯一可以利用性行為產生愉悅感的，其他動物都還是依附在生殖的本能上，這樣的愉悅感會促進大腦產生腦內啡，讓我們感受到生命的美好，甚至許多宗教都提及可以用那樣的方式修行，因為當腦內受到足夠的刺激時，會產生心靈的提升，一旦刺激足夠，就會讓人感覺到彷彿可以脫離肉身，只剩下靈魂，可以拋棄世間所有的道德束縛（道德通常只能束縛肉身行為，無法束縛內心想法），就如同李安執導電影《色，戒》改編自張愛玲同名小說的一句話：「到女人心裡的路通過陰道」。人生中除了父母之外，也只有具性關係的情人是少數可以看到自己裸體的人，這除了情慾的交流，也代表彼此的信賴，是一種透過身體交付感情與心的過程。

根據不正式但是大家心知肚明的調查，兩個人會分手與離婚，性生活問題往往占了很大的原因。有時美好的親密行為會讓你增加對另一半的其它問題的容忍度，畢竟衣服都脫了，贅肉跟老皮都看了，還要稱讚對方是盛世容顏，還有什麼不能睜一隻眼閉一隻眼的。子女宮的重要性不言而喻，那麼我們又該如何找到性事合拍的人呢？

一般來說，子女宮也代表我們的性生活態度跟觀念。紫微斗數的基本結構，就是每個宮位裡的星曜代表我們對那件事的態度跟能力，所以可以透過子女宮的星曜，了解一個人的性生活態度是否跟我們符合。這裡的觀念跟夫妻宮類似，如果子女宮有相同的星曜，至少表示彼此對性的看法相同。不過看法相同不見得表示能力也相同，你覺得正式游泳前先游個兩千公尺暖暖身，但是你身邊的人卻可能沒有相同的體力，畢竟男人跟女人天生的身體結構不同，女人是只要我喜歡，隨時都可以，男人卻很可能會有只要我可以我通通都喜歡的那麼一天，所以男女生在看待性生活這件事情上，不能單純用星曜來表示，需搭配性別。星曜在子女宮可以說是在性生活的想法跟態度上怎麼樣呈現，當然要搭配上男女不同的情況。例如男性子女宮天府，大概希望親密的環境不要太複雜，要有安全感，並且喜歡躺著被伺候；如果是女性，卻可能是喜歡坐在男人身上，因為男人躺著像大爺，畢竟在上面比較不需要出力。但是女人在男人身上，卻有一種老娘由上往下看著你被我控制的隱藏投射。這些星曜的解釋，無論是知識跟姿勢，可能都需要另外完成一本專書討論，有心的朋友可以依照這樣的推論原理去對應宮位內的星曜，以及透過自己的經驗試著解釋，在這裡我們提供一個更加快速的看法：

就女性來說，基本上我們看一個人的性需求大概就是來自子女宮，子女宮內的星曜有化忌或是子女宮內有煞星（陀羅除外），基本上可以說對性生活的期待比較高，或者說子女宮跟夫妻宮是並連在一起的（圖八十七），這種人的情感跟性也比較不容易分開，柏拉圖戀愛對他們來說就像柏拉圖一樣早就死去。

而對男性來說，要考慮的可能不只是子女宮的問題，畢竟想要做到跟可以做到之間，對男人來說很多時候不全然是等號。男性的命盤除了子女宮的部分跟女性一樣，還需要看疾厄宮，因為性生活對男人來說算是個體力活，對於身體的控制能力就需要被考量，因此疾厄宮內最好也能夠有煞星或化忌，化權也可以，無論是把肉體當成堅硬的鋼刀一樣勇猛（煞星），或是願意把自己的身體操勞到空虛（化忌），或者喜歡透過自我要求來展現對身體的掌控權（化權），都表示有較好的體力。當然如果搭配上宮位內有某些星曜就更完美了。搭配的星曜不難想像地就是那些一看就知道具備堅忍不拔特質，或者充滿想像力跟夢想的星曜，以及很愛面子千萬不能輸的星曜，因此，破軍、七殺、天府、太陽，應該都算是相當不錯。子女宮除了這些星曜之外，多些想像力也滿好的，例如貪狼、廉貞，願意觸碰禁忌邊緣的落陷太陽或者太陰，喜歡多變的天機，配合度高的天同，或者再加上文曲，這樣的子女宮，無論男女，都是不錯的選擇。

圖八十七／夫妻宮與子女宮並連

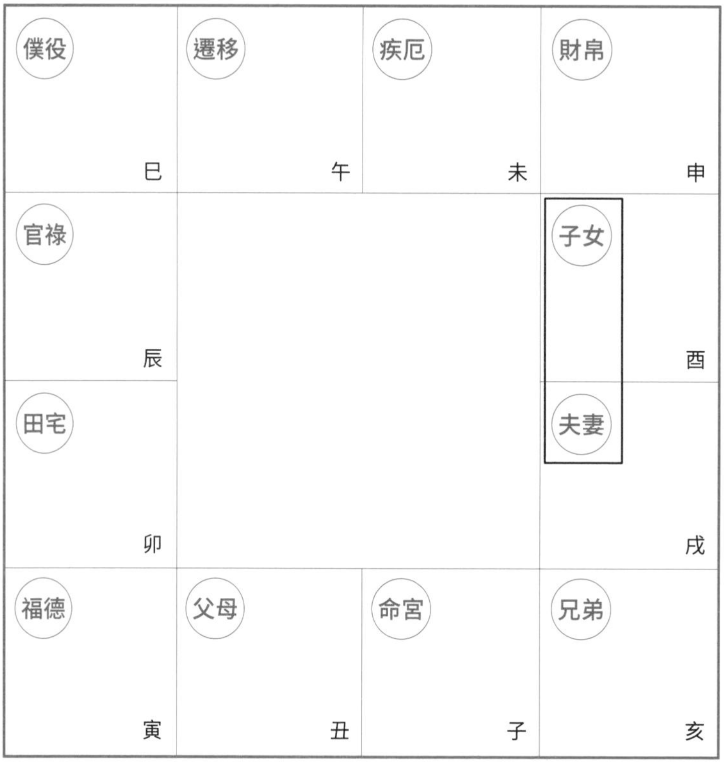

如同夫妻宮，感情有時就是看吸引力，其實性生活也是，不見得男人要特別勇猛，女人要特別妖豔風騷，單純只是彼此知道對方的需求而給予需求。利用飛化的方式，是一個很好的檢查方法，當然最基本的就是化忌進入子女宮，表示對方讓你感受到性的需求，如果是化祿到子女宮，則表示雖然不像化忌，會有種抽離之後的空缺感，但是會讓人感受到滿滿的舒服對待，用這樣的方式就可以理解彼此在性關係的對待跟需求。疾厄宮代表的身體狀況，也可以使用飛化技巧，所以化忌跟化祿在疾厄宮也會有一樣的效果。這些都是飛化的基本技巧跟用法。

接下來提供一個更進階的方式，飛化不只是可以利用出生年的天干，也可以利用命盤十二宮的天干。命盤的十二宮表示我們對這個宮位的個性能力跟態度，所以子女宮內的天干，如果造成對方命宮、夫妻宮、福德宮、疾厄宮化忌（圖八十八），也表示自己對性的能力與態度讓對方在相關宮位產生空缺，因此對自己產生需求，當然化祿也表示自己能讓對方感受到滿足與快樂。

圖八十八／自己的子女宮天干，造成對方命宮、夫妻宮、福德宮、疾厄宮化忌

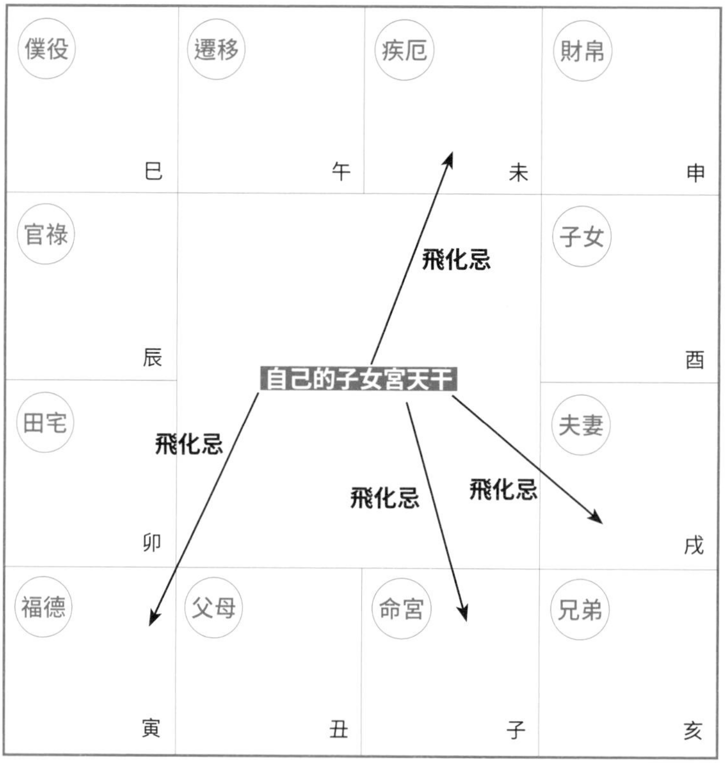

這時候聰明的朋友就會想到，那麼也可以用在疾厄宮嗎？疾厄宮當然也可以，不過要先確定自己的疾厄宮是否夠力，如果疾厄宮不夠力，身體比較安逸，卻會造成對方子女宮的化忌，就真的是空缺了。這不是因為買不到醬油而需要好好求你，是你真的沒有醬油可以賣，人家可能得找其它醬油工廠了。

3 婚姻是愛情的墳墓嗎：家庭給了你愛情安全感，還是如一灘死水的孤寂感

家庭的組成一直都是許多人面對感情的首要考量，「男人成家才好立業，女人就要有個歸宿」這樣的話語總是圍繞著我們的生活（但是那些一直叮嚀你要成家的人，通常卻反對同志成家，或者擁有成家的權利。好想成家是每個人都需要的需求，但是同志在他們眼中可能不算個人）。現實的情況是，無論在哪個國家，目前華人的離婚率，幾乎都是結婚十年內有近半數離婚，沒離婚的可能也不再是當初美好的狀態。結婚絕對是人類社會裡一個最大的銷售謊言，用幸福美滿來包裝，用社會道

德來脅迫，用不孝有三無後為大來情緒勒索，用宗教輪迴來洗腦，讓我們將婚姻視為人生不可缺乏的過程，卻掩蓋了愛情與婚姻的差異，掩蓋了愛情是需要理性思考跟經營的，而婚姻更是如此。租房子租到間鬼屋，可以馬上搬走，談戀愛遇到不對的人也方便閃人，但是婚姻卻是用法律將兩個人綁在一起，就像買房子買到鬼屋可能不好轉售一樣，如果婚後因為各種原因發現不適合了，要離開卻是相當困難，用法律將兩個人硬生生綁在一起，希望用法條來保護愛情中可能被拋下的那一方，問題是人心怎麼可能用法律來限制呢？

在這樣的社會環境下，我們可以看到女人一到三十歲就開始焦慮，怕一晃眼過了四十歲就沒有人要了，而男人過了三十歲就開始有人問怎麼還不結婚，進而開始各種勸說，例如眼光不要那麼高、例如女人只要乖就好，男人只要工作穩定就好，好像女人就是傭人的設定，男人就是司機加提款機。社會不正確的催促，加上自己的衝動，往往就會隨便找個人娶了、嫁了（在運限盤中，因為田宅宮化忌到夫妻宮或命宮，加上有足夠的桃花星與紅鸞星，通常就會因為家庭壓力而結婚），但其實我們都心知肚明，這根本就是婚姻生變跟準備離異的起手式，同時也是現今離婚率高的主要原因。

從命盤的角度來看，我們對一個人的愛會隨著時間而轉變，何況結婚當下不見得是深愛，而是因為家庭壓力、時間壓力而做出的決定。現代的兩性關係不像百多年前，有著巨大的社會道德壓力，壓迫女性需要拔除自我，一切順從，「嫁夫隨夫嫁狗隨狗」這句話，或許從一個愛你的女人口中說出來，是一句將自己交付給你的甜言蜜語，但是如果從外人口中說出來，就是標準的父權社會壓迫，甚至這樣的壓迫也來自於女性自己，因為身邊的姊妹、媽媽也會這樣說。在現今的社會，許多女性仍被這樣的社會價值觀禁錮，千年的文化洗腦難以根除，即使現代人都知道婚姻不是人人都適用的制度，卻依舊將婚姻視為一種為自己建立家庭保護傘的機會跟方式。在這樣的情況下，許多人面對感情時就會做出偏差的判斷，會用成立家庭的條件來做為愛情的篩選。雖然我們說愛情不能只靠感性，不能單純受到化忌的影響，但是如果單純用家庭的成立來考量，可能也會太過理性偏頗，何況普世通用、客觀的家庭成立條件，其實並不是人人合適。大家都可以穿的衣服通常都是廉價跟不合身的，大家都能接受的家庭組成條件，通常是放棄了家庭組成的生活質感，用自己的身材扭扭捏捏地去配合那套不合身的衣服。

可以說命理學絕對是這傳統迂腐觀點的重要推手，例如許多紫微斗數老師會跟你說「夫妻宮是看你的第一任老公，第二任是子女宮，第三任是財帛宮」，不知道在這些老師眼中，結婚八次的伊莉莎白泰勒的夫妻宮要算到哪個宮位？回教國家能合法娶四個老婆又要算哪個宮位？（當然我的讀者朋友應該知道這是連斗數基本常識都沒有的人才會說的話。斗數有運限盤，根本不需要一直遞換宮位，而且也不是用本命盤算夫妻宮。）

或者也有命理師會說「夫妻宮代表的是你的正緣，你老公跟你夫妻宮不一樣，難怪你們會吵架，因為那不是你的正緣。」或者跟你說「如果三十歲之前不結婚，以後都沒有結婚的機會了。」這些說法真是令人無言，我就問既然不是正緣，那為什麼這個人會出現在你的生命中？難道你是在正職未報到之前先找個人兼差嗎？或者說如果你三十歲之前來的對象是一坨屎，你都要吞下去是嗎？不然以後恐怕連屎都沒得吃？這樣的比喻聽起來很激烈，但是你總該理解到就算你的肚子再餓也不會吃屎吧，那又為何要因為以後沒得吃，現在就要吃呢？會有這樣的觀點，不外乎是這些命理師將紫微斗數做了錯誤的解讀，將自己迂腐的觀念帶進紫微斗數之中，甚至利用紫微斗數去解釋他迂腐的觀念。常有客人問我：「算命師說我一輩子沒有結婚的機會，那麼晚年豈不是很孤單？」這時我就會問他，所以結婚之後就不孤單了嗎？你有沒有想過所謂白頭偕老，很可能是你老了以後，還要幫另一個失智老人換尿布？

家庭當然是我們的避風港，跟心愛的人組成家庭，的確是人生最美好的事，但是人生不會只有這個選項，或者說這個選項不該有時間限制，因為這一切的美好都建立在找到一個真心愛你而你也愛對方的人，如果不是這樣，就該給彼此一些時間，先把感情經營好。戀愛是要談的（也有些人的戀愛是要先做的，即使要做了才知道，但做完還是要談啊），談著談著才可以把兩個人是否能夠走下去的問題談出來。談戀愛的過程本就是一個讓我們可以在激情之後回復理性層面，去慢慢地找出彼此的需求，然後可以為彼此找出一條值得繼續走下去的路，當一切條件符合，結婚自然水到渠成。如果家是我們心靈安全的港灣，那麼快速用沙子堆出來的港灣根本禁不起一點風浪。

除了被愚蠢的命理師煽動，造成自己傻傻地跑去結婚，而需要面對亂七八糟的婚姻之外，還有什麼樣的人容易無腦衝呢？

首先，當然是期待有個家的人。這樣的人通常是田宅宮有星曜化忌，尤其是太陽、太陰、巨門、天相這一類的人。另外，則是談戀愛就會希望有個家的人，這一類的人通常是命宮或夫妻宮有太陽，或者太陰。還有就是個性容易隨波逐流，耳根子軟，容易答應別人，例如天同在命宮、夫妻宮或者田宅宮。而夫妻宮或是田宅宮、子女宮有文昌化科的人，也會在情感上有某種潔癖，容易讓自己在感情產生的過程中就先考慮成立家庭。

希望有個家沒有不對，但是迫切地想有個家就會容易忘記思考愛情跟婚姻的不同，錯將愛情的浪漫與家庭的快樂畫上等號。這樣的人的命盤通常會出現幾個特徵：命宮、夫妻宮、田宅宮有陀羅星，或是在談戀愛跟做結婚決定的時候，運限盤的夫妻宮、田宅宮出現陀羅星，這些都會讓人在結婚前容易做出錯誤的思考。當命盤上出現這樣的情況，通常都會建議多想想，多思考自己是不是真的需要跟另一個人組成家庭，而不是為了組成家庭去談一段感情。

最後，如果是田宅宮化忌到命宮、夫妻宮，而命宮、夫妻宮具備前面提到的那些星曜，通常也會建議在面對婚姻的決定時多加思考，或者多給自己一些好的選擇。因為田宅宮化忌到夫妻宮，在本命盤可以視為自己的家庭觀影響感情觀，但如果是在運限盤出現，也有機會因為雙方家庭價值觀的不同，造成兩個人的感情出現問題（當然也可能是風水問題，這可以參看我的其它著作《改運之書．風水篇》）。

4

愛你還是愛兄弟：僕役宮的重要性

一個人最初與平輩相處的模式，通常來自於兄弟姊妹，所以兄弟宮的對宮是代表平輩朋友的僕役宮。如果生命中有異性的兄弟姊妹，自己第一個與人相處的對象除了父母親，也可能來自自己的哥哥或者姊姊。而隨年紀成長有了自己的交友圈之後，通常戀情也會來自於交友圈，所以一個人的交友情況會深深地影響愛情觀，尤其在傳統的華人社會，通常最早的兩性關係觀念不是來自父母，而是來自兄姊或朋友，因此，在命盤上的十二宮中，僕役宮、兄弟宮就會在我們的情感上代表自己的感情是否受到身邊朋友或兄弟姊妹的影響，這時候用本命盤來看，如果自己的兄弟宮跟夫妻宮剛好在並排的狀況（圖八十九），而兄弟宮有煞星或化忌，則感情價值觀就容易受到同性別兄姊影響，這通常是因為從家中成員身上無法取得自己所期待的關愛，所以比較容易進入戀情之中，尤其是夫妻宮內有桃花星的命盤。就像我們說夫妻宮內有煞忌的人會有衝動戀情的情況，這樣的衝動來自於無法從家庭成員身上得到認同，但是這個觀念要排除陀羅星，如果是陀羅星，則會受到家中成員的影響，對於戀情有許多考慮。

圖八十九／兄弟宮跟夫妻宮並排

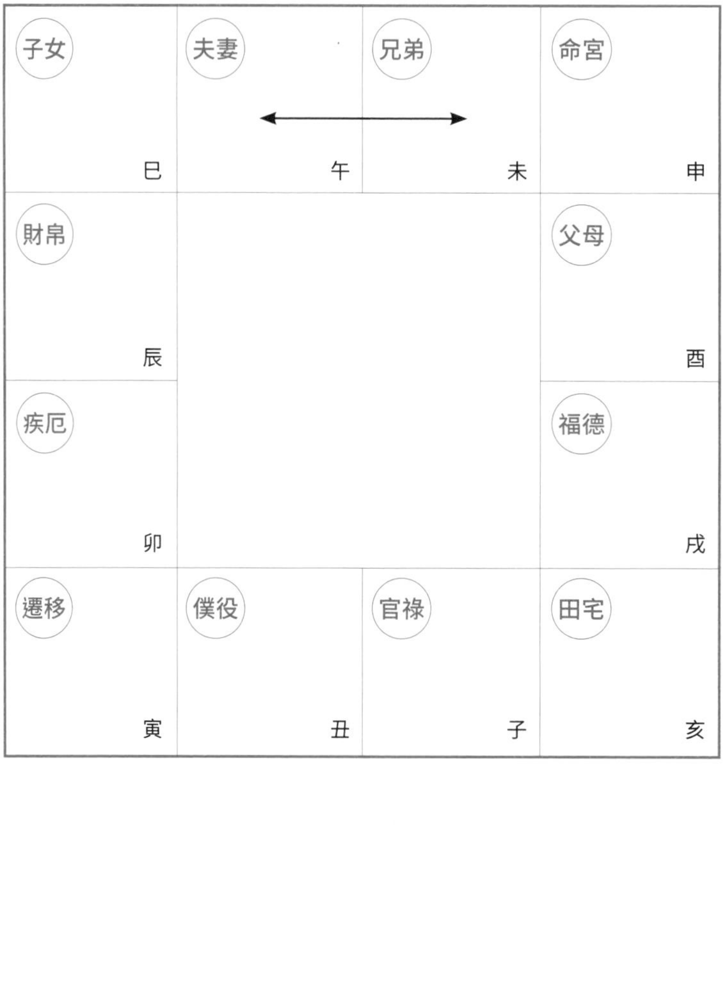

但是，上述的組合如果出現在運限的夫妻宮跟兄弟宮，則表示戀情受到家中成員（母親或是同性別兄弟姊妹）的阻礙。這個觀念除了是在兄弟宮跟夫妻宮並列的狀況下會發生之外，如果兄弟宮的天干讓夫妻宮的星曜產生化忌，也會有一樣的效果，只是這時候在本命盤上也可能是因為母親或家中同性別兄姊的感情觀影響了自己的感情觀念，造成自己在情感的選擇上有問題，可能是太過衝動，也可能是太多的考量跟需要聽從母親與兄姊的意見，因此讓身邊的人覺得跟你談個戀愛還要照顧到一家子的心情。

兄弟宮也可能為我們帶來不錯的效益，在兄弟宮與夫妻宮並列的狀態下，當兄弟宮化祿或有祿存出現時，表示自己與母親以及年長兄姊的關係，讓自己在情感上更懂得如何跟另一半相處，如果本身沒有同性別兄弟姊妹，就不需要考慮兄弟姊妹這個問題。這裡提到的祿存星，需要搭配至少一顆主星，否則反而會成為潛在的不安全感，這時影響夫妻宮的，反而是自己跟家人關係的不安而影響到自己的愛情觀，即戀愛的時候相當依靠你，一旦進階成家人關係（結婚或者同居夠久），則會將這樣的潛在不安投射在另一半身上。

如果兩個宮位不是並列狀態，且兄弟宮的天干造成夫妻宮有化祿出現，也會有一樣的涵義，這個組合在運限盤上甚至表示這個時間點內的異性緣來自於母親或同性別兄弟姊妹的關係，可能是透過他們的介紹。若是身邊已經有伴侶，母親應該會對自己的伴侶還不錯（擔心婆媳關係的人，挑選這樣的命盤可以大大地減少擔心度，但最好是本命盤就如此，運限盤需要擔心賞味期會過期的問題）。

兄弟宮的對宮僕役宮，代表我們的交友關係，因為僕役宮並不會跟夫妻宮並列造成暗合宮的情況，所以只需要注意僕役宮是否會產生化祿或化忌進入夫妻宮就可以。以本命盤來說，僕役宮的宮干如果化忌進入夫妻宮，這個人是標準的兄弟／閨密如手足，男人／女人如衣服，義氣一把罩，愛情皆可拋。伴侶可能需要擔心常會獨守空閨，等自己的另一半先跟好朋友玩樂結束才回家。如果是在運限盤的情況，則表示這個時間內會因為跟朋友的關係影響感情。

如果是僕役宮化祿到夫妻宮的情況，在本命盤來說，會有兩個情況，第一個情況是會希望自己的戀情最好盡可能從朋友開始，或者說戀情會從身邊朋友開始找起，當然這也會是有異性沒人性的表現，為了愛情可以放棄朋友。第二個情況是容易跟身邊的朋友搞各種曖昧關係，尤其是僕役宮帶了桃花星跟煞星或者化忌的時候，因為在本命盤，所以一輩子都會是這種態度，這樣的人剛開始認識時，往往覺得是個萬人迷，等到交往以後，就需要處處擔心。如果在運限盤，表示戀情可能因為朋友而來，但是如果身邊已經有另一半了，就需要注意跟朋友產生曖昧關係而影響當下的戀情。

5

孝順的孩子：讓媽媽幫你談戀愛

說到身邊的人對自己感情的影響，無論男女，影響最大的通常是自己的母親，有句諺語叫「慈母多敗兒」，常用來形容兒子的能力不好，是因為母親照顧得太多，現實中我們可以發現所謂能力不好，不見得是客觀上的能力不好，例如學歷或工作能力等等，更多時候是因為對母親的依賴，造成生活的自理能力不足，或是面對生命中各種事項的選擇時，甚至價值觀的判斷，都一味地遵從母命。因為長久以來的母子關係如此，以及華人推崇的孝順文化只是希望小孩「順從」，因此母親的思考成為孩子的主要價值觀。

這也就不難想像如果生命中多了一個女人，兩個女人的戰爭勢必在所難免。什麼樣的命盤會出現這種情況呢？在紫微斗數盤上，母親是以兄弟宮代表，所以前述的兄弟宮並列夫妻宮，並且兄弟宮有煞忌，或者兄弟宮的天干讓夫妻宮產生化忌，都表示有婆媳問題的跡象。

但如果是處處聽從母命的媽寶，還需要具備下面幾個條件：兄弟宮內有祿存（與母親關係很好）或陀羅星（與母親有割捨不掉的糾纏），或者兄弟宮的天干化祿到命宮（母親對於自己有許多照顧，與母親的關係讓自己覺得是生命中很重要的事情）。這些組合表示這個人非常地在乎媽媽，當他的兄弟宮給夫妻宮來一點什麼，他的另一半都是需要擔心的，那麼媽寶的成分就非常高了。這個問題當然在本命盤是最重要的，因為代表了一輩子的想法跟觀念，如果是在運限盤，則表示問題正在發生中，通常也代表這個人挑選對象的條件要符合媽媽的觀念跟需求。

還有一句話叫「要娶女人先看她媽媽」。在正常情況下，雖然女兒是前世的情人，但是，女性的感情觀念、兩性觀念通常來自於母親，才會有看到丈母娘就知道以後要長相廝守的人是什麼樣子。不過很神奇的是，媽寶的稱呼通常只會用在男人身上，卻不會用在女人身上，大概是因為我們覺得男人長大後如果還一天到晚「我媽說、我媽覺得」，感覺就一副還沒脫離口腔期、需要媽媽餵哺的樣子。男性總被賦予獨立堅強的設定，而且在感情中，女人通常不會希望自己的男人要聽另一個女人的話，小三終究沒有血緣關係，可以想辦法斬妖除魔，但是媽媽是這個男人最親近的女性、認識得更久，根本無法切斷關係，所以會讓人覺得自己在戀情中很不是滋味。可問題來了，誰會不知道不要找媽寶呢？那為何會找到這樣的人呢？其實這類的人往往對人細心，或者需要被照顧，惹得女人母性爆發想照顧他，加上剛認識的時候，女性總會將他的態度解讀為孝順，孝順的孩子不會變壞，可能只是因為沒長大，一旦交往後發現這個問題，才知道原來誤判了。另一方面，女生如果跟母親感情很好，有時候反而會被視為母者成熟光輝的延伸，也因為社會對女性的要求比較偏向可愛、撒嬌、被照顧，所以如果一個女人在交往的時候提到「我媽說」，你不會覺得她是媽寶，反而會覺得她乖巧。

其實，媽寶問題男女皆有，因為媽媽造成兩個人之間的問題，就命盤來說，都是一樣存在的，在現實生活也是如此。例如「媽媽覺得要有房子才能結婚，媽媽覺得房子要買在捷運站旁才方便，媽媽覺得不要那麼早生。」各種「媽媽覺得」，其實聽在男人耳裡，一樣會覺得丈母娘很恐怖，只是為社會價值的關係，大家怪罪男人的比例會高於怪罪女人。媽寶問題或許在談戀愛的時候可以暫時為了愛睜一隻眼閉一隻眼，但是如果希望走入婚姻，就需要相當的考量，畢竟一旦結婚，那就是「家人」的身分，是兩邊家庭的問題了。

當看到對方的命盤有兄弟宮化忌到夫妻宮的狀況，代表媽媽造成兩個人產生感情上的問題，或是與兄弟姊妹或母親的感情跟關係會影響他對感情的價值觀跟判斷。但是會不會單純是針對自己產生的問題呢？或許這個人在其它段感情中沒有這個情況，唯獨他的母親就是跟自己不對盤，這時候我們要看他命盤上的兄弟宮天干，是否造成自己本命盤或運限盤上的命宮或夫妻宮有化忌（圖九十），如果不是發生在另一半的命盤上，當然媽寶的跡象會降低，但是就算不是媽寶，在華人的孝順觀如此重要的環境氛圍下，母親的一句話還是很有威力的。如果發生了他命盤上的兄弟宮造成自己的命宮跟夫妻宮化忌，在本命盤當然是很難解的問題（雖然通常婚後不要住在一起就好，但畢竟是母親，很難完全不聯絡），如果是運限盤，則表示在這段時間內會有這樣的問題，時間一過或許能夠解決，這就需要看你們的愛到底有多深了。

圖九十／對方命盤上的兄弟宮天干，造成自己命盤上的命宮或者夫妻宮有化忌

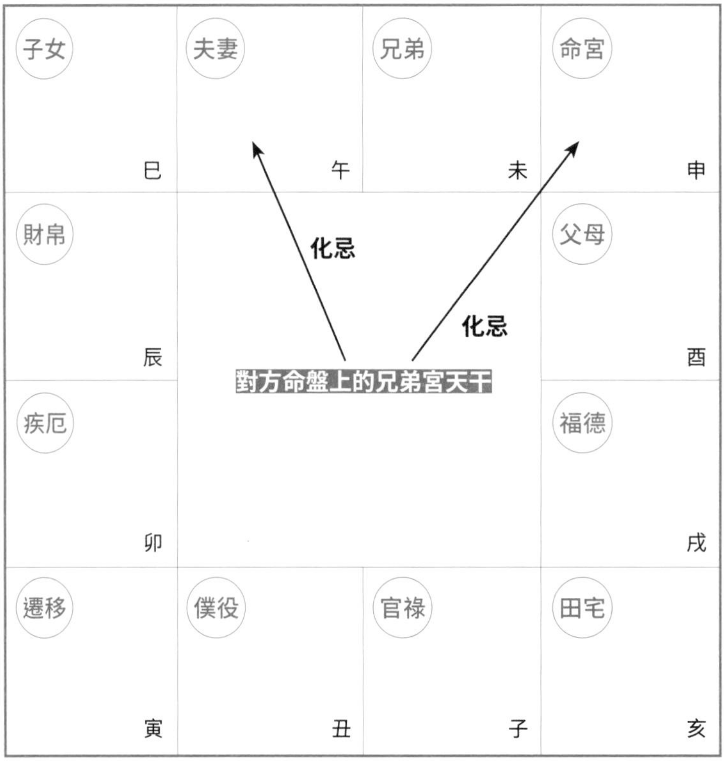

Chapter 5 ♡

感情中，
不被愛的才是第三者嗎？

1 難道不能兩個都愛嗎？

有光必然會有影，在黑暗中才能見到光明的可貴，任何的事物都有正反兩面，愛情自古以來之所以迷人，也就是因為浪漫往往伴隨著痛苦，因為不容易得到所以讓人珍惜，因為過程讓你感受到不同的生命價值，所以當他將失去你，會十分地心痛，因此自古以來數不清的文人墨客都以愛情為靈感，對愛情有諸多想像。但是從命理學的角度來說，人生許多事情卻是異常透明而理性，當然這也是命理學存在的原因。紫微斗數透過理性分析，讓我們了解自己的內心層面，了解自己是否受到情緒的控制而淪陷在生命的漩渦中。

在前面許多的敘述中可以發現，從命理學的角度來看，愛情要一路長長久久其實相當困難，白頭偕老在命盤上排列組合的機率相當低，甚至真實生活中很多所謂愛了一輩子的夫妻，或許過程中也曾各自外遇過，所以這麼一件艱難的事情，是否一定要去追求，或者是否值得追求？我們可能因為社會環境與文化的洗腦覺得追求愛情與婚姻是對的事，但真的是如此嗎？即使不從命盤理解，也可以知道人會因為年紀的不同而產生不同的價值觀，當你的價值觀轉變了，你的喜好當然也會跟著轉變。我小時候根本不吃四季豆，卻在大學時期吃過鹹酥雞攤炸四季豆之後從此愛上它，連食物的喜好都可以改變（人對於食物的某些喜惡，是很難改變的，不信你試試用各種方法煮紅蘿蔔給不愛吃的兒子，看看是否能夠改變他），何況是對人的喜好呢？人類是會因為年紀跟生活歷練去更動價值觀的。這般貼近人性與人生的解盤觀點，是紫微斗數最珍貴的地方，透過各種盤面建構出來的立體結構，讓會看紫微斗數的人看到一張命盤後彷佛從看到一個人的人生，如電影般躍然紙上。人會因為換個運限，個性就變了，原本對方很中意你的熱情性感，因為運限夫妻宮進去一顆文昌，現在反而覺得你是亂交朋友且不道德。

舊時的社會環境讓人沒有選擇感情的權利，只能聽從安排，接受一切，無論自己喜歡與否。但是現今社會兩性關係開放，在異性關係的選擇上近乎沒有限制，一旦身邊的人不對了，是否我們自然而然地就會去做其它選擇呢？就像如果餐廳只有一種餐點可以選擇，再難吃你也要吃，還要想辦法努力透過創意讓餐點變好吃，但是如果有一百道菜可以挑選，你還會做這些努力嗎？這是一個很有趣的現象。愛情一直以來都是從動物性本能走向社會階級跟價值分配的，當社會發展到一個程度，人會因為希望保護自己的資產，開始訂立各種規則。而當我們希望爭取感情自由的同時，也為自己創造了一個在隨時會有感情競爭者出現的環境。

曾有位女性客戶因為老公外遇，而不斷地上網找一夜情。她不願意跟老公分開，但是又吞不下那口氣，所以找一夜情平衡自己的怒意。因為覺得老公外面有女人很不乾淨，所以她也不讓老公碰她（老公就自認更有理由繼續找外面的小三），兩個人牽扯近八、九年，男的想離婚女的不要，不甘心不放手，彼此的事業、家庭、小孩，八、九年都處於風暴中。在這段感情內，到底誰不對呢？是老公嗎？只要一開始不外遇就好了啊！但是就像剛剛說的，人會外遇其實有很多原因。好吧！老公不對，那既然不想離婚，為何不能好好相處呢？為了懲罰老公，自己找一夜情，這樣又是對的嗎？

許多人都知道，拜月老求姻緣有個重點，就是要把對象的條件說得很清楚，宗教說法當然是這樣才能讓月老幫你找到對的對象，但是在心理學上，這是自我覺察與認知的過程。許多人根本不知道自己要的到底是什麼樣的感情，於是當婚姻或感情出問題的時候，仍然不知道自己要的到底是什麼樣的感情生活。這就是我們學會常說的：「人要吃屎那是人自己的問題，絕對不會是屎的問題。」如果在感情中沒辦法認清楚自己所求，就容易陷入感情中常見的爭奪戰。

紫微斗數中有很好的方式可以看出感情中是否出現第三者，這通常也是我們課程中最受歡迎的技巧（不過學會也遇過整班同學拒絕上這個部分的課程，因為那個班的學員幾乎都是事業有成的女企業家，或許愛情在她們的人生中已經不再重要，或者過去因為愛情受的傷讓她們認為金錢更重要，所以對她們而言，夫妻宮這堂課可以直接跳過）。在上課前，我們都會玩一個遊戲，透過遊戲去了解真實生活中所謂外遇是怎樣的情況，讓學員可以更加深刻地感受成長路上教育不曾教過、卻對人生可能帶來巨大影響的事情。

這遊戲是這樣玩的，我會引導學員思考：「當我們討論感情中有第三者，要先理解怎樣算是第三者？為何感情中會有第三者出現？怎樣的程度算是這個人已經介入了自己的感情？在這樣的情況下，自己是否還要爭取這段感情？」我會試著模擬現實情況，讓學員思考並且反覆辯證，慢慢釐清現實的情況，就像去求月老也要清楚說出期待的愛情一樣，如果自己都不清楚，怎麼能夠請月老幫忙呢？如果自己都不清楚自己在感情中能夠接受的程度，又怎麼去判斷那個跟你男友一起加班的女生就一定是第三者呢？或者那個男人外遇就一定是因為好色，那女人呢？女人外遇的情況也不在少數，這又是什麼原因呢？透過再三的討論與辯論，我們會慢慢地發現，人在感情中之所以會再找尋另外的機會，其實原因很多，不會只是單純地為了性（當然性一定是最快速直接的需求，不論男人女人都一樣），但大家或許都聽過，男人的外遇對象都比元配醜的江湖傳說吧（其實很可能只是元配好友給予的安慰），因為外遇不見得只是為了性。

整理下來，感情中會出現第三者不外乎幾個原因：

1. 不愛了但是又走不開，所以先找個人來愛，再找機會離開正宮。
2. 不愛了但是沒勇氣走開，所以找個人來救自己出去。
3. 單純覺得自己可以縱橫情海，不只腳踏兩條船，還要組成聯合航母艦隊，隨時放飛戰鬥機。

4. 還是愛著身邊的人，但是新的更有新鮮感。

5. 身邊的人像家人，但是已沒有愛情，所以尋找新愛情。

6. 這個外遇對自己的工作事業有幫助。

7. 性生活乏味，家常菜不好吃，只好出去打野食。

從這幾個原因裡又可以歸納出幾個方向，首先是必須有個人（至少一個，有時候是很多個，也可能雙方都各自找了戰友進來）加入這個愛情圈，另外則是在原本的感情狀態上有所空缺，覺得另一半給的愛不夠滿（他的愛情列車既然有空位，就多找些人上車）。所以現實生活中，感情中出現第三者或者出現成群結隊的第三者，需要先具備兩個條件：

1. **你或你的另一半有人喜歡，或者至少在他的追求下，人家會喜歡他。**

2. **你或你的另一半願意接受這樣的感情狀態。**

這兩點條件若以紫微斗數來看，需要對應命盤上幾個跡象：首先第一點需要在命宮跟夫妻宮、子女宮具備桃花星（以主星為主，有天同、太陰、天相、破軍、貪狼、巨門。或是正式代表姻緣的星曜，紅鸞跟天喜。輔星也可以勉強有點幫助，如文曲、天姚、鳳池、沐浴）。第二點，這個人可以接受。許多人有上述的情況卻不見得會外遇、劈腿，通常是因為沒有機會，或是對原本的感情過意不去，所以愛情是需要勇氣的，尤其是不能被發現的愛情。因此，在命宮跟夫妻宮、子女宮內如果有以下星曜，會比較有勇氣追求自己的夢想：七殺、破軍、貪狼、廉貞，或者不好意思拒絕人家：天同、落陷的太陽與太陰、天梁，以及有煞星幫忙推一把：擎羊、火星、鈴星，以及在情感上覺得無法得到滿足的化忌。具備了以上這兩項條件之後，基本上這個人就具備了在情感上有機會身邊不只一個人的情況，這時候還可以看看現實中他是否已經做了這樣的事。

實際現象的發生，除了需要具備上述條件（這些條件只是他具備資格，但是事件不見得會發生），還可以從命盤上看到幾個跡象，就能判斷出目前正在發生。首先，事件的發生不會是在本命盤，我們不至於一出生就帶兩個老婆／老公一起來到人間，所以一定是在運限盤上出現，並且這個運限通常至少要在流月以上（運限盤可以分為大限代表十年時間，流年代表一年時間，小限也是一年時間，流月則是一個月時間，流日是一天時間，各自代表相對應的時間內會發生的事情）。雖然一夜情一定是在一天內，不過能夠一夜情的人，通常也能在流年看到跡象，因為如果真的是很不小心地一時天雷勾動地火，這件事情必然讓他十分難忘，所以在這一年內還會想到。如果這個人本來就常有一夜情，那也會在流年看到，所以這時候看流日也只是看哪天一會發生而已。以流月來說，可能如歌曲廣島之戀一樣，只有七天的時間，這會在流月看見。所以，對應運限盤的時間區段，可以大致判斷這個外遇的戀情大概能維持多久，如果用流年來說，本身具備前面說的那兩點條件之外，還需要在流年夫妻宮有以下這些特質。前面說的是這個人具備這樣的條件，以及這樣的需求跟他接受這樣的感情關係，而以下這些則是當命盤出現這些跡象，表示他除了具備條件，而且事件正在發生：

•感情世界有人進來

斗數中有四顆輔星在運限盤上會代表真實的人，即左輔、右弼、天魁、天鉞。其中左輔、天魁代表男生，右弼、天鉞代表女生。當命宮夫妻宮、子女宮具備了前面兩項條件之後，而夫妻宮又有這幾顆星時，就表示感情世界多了另一個男生或女生，當然也可能同時出現男生與女生，也就是感情中多了一個人，通常這個人就是小三跟小王。

・時間管理大師白天晚上都很忙

有這樣的情況，運限夫妻宮、子女宮、田宅宮、命宮會具備上面那些桃花條件，而且表示你的感情狀況有不為人知的兩個面向，所以是太陽太陰同宮時。為何感情會如此呢？當然是因為你可能白天一個，晚上一個，有不同的情人。通常太陽化權是多一個男人，太陰化權是多一個女人，如果沒化權，就看是太陽在旺位還是太陰在旺位，太陽在旺位是多一個男人，太陰在旺位是多一個女人（圖九十一、九十二）。

圖九十一／太陽跟太陰會在同一個宮位

圖九十二／太陽太陰同宮時，在丑是太陰旺，在未是太陽旺

・希望愛情可以由自己掌握

化權在夫妻宮內，表示希望可以掌控自己的愛情。怎麼樣才讓人想要掌控好自己的任何東西呢？通常是因為你擁有的比別人多，所以化權其實有「兩個、成雙」的意思。打個比方，開一家店固然很不錯，但是如果開兩家店，人家就會覺得「嗯！很厲害」，因為表示事業做得好才會再開一家，這代表掌握得不錯。所以，化權主要是掌握的意思，但是也可以衍伸為「二」的意思。那麼你一定會想，如果開二十家是否就掌握得更多了呢？對應到命盤上，當然要看主星的態度。客觀來說，開了兩家店就是做得不錯了，因為第一家很好才能開第二家，但是主觀來說要看星曜特質是什麼，畢竟化權也代表穩定的掌控，如果星曜是穩定的（例如天同、太陽、太陰），那麼掌握好還是重點，所以兩個就夠了，但如果不是，而是慾望比較多的星曜（例如貪狼、破軍），當然以兩個為主，但會希望可以更多個。

・多多益善的態度

化祿是「一個一個多出來」的意思，所以相對於化權，化祿代表多多益善，感情世界豐富而多彩，所以化祿也可能代表會有外遇的情況。不過化祿的外遇，屬於既不穩定也沒有衝突地多出一個人，當然就比較偏向露水姻緣，或者只是曖昧關係。

② 原來自己才是小三

有一句老話說「感情裡不被愛的才是小三」，道盡了兩性關係中難堪卻真實的一面。紫微斗數的命盤強調的是理性分析跟真實呈現，所以不會討論道德問題，只會呈現真實情況，並且分析真實情況的組成原因。如果一個男人已經有了老婆又愛上你，實際上你的命盤上一樣會出現另一個人進來你的感情中，所以在感情中遇到對方劈腿（或者自己劈腿），需要有個先決條件，就是你必須先有正宮。

比方說，如果我目前有正宮，過年後我的命盤出現了前面說到的劈腿跡象，代表我的感情中有第三個人進入，可能是別的女人進來，也可能是別的男人進來，那就看是誰劈腿了。如果我是女生，命盤上顯示有另一個女人進來，通常就是我的男人劈腿。如果我是男生，命盤上有個男人進來，通常就是我的女友劈腿（雖然老公的外遇對象也可能是男的，所以進來的可能是左輔或太陽化權，但絕大多數不是如此），不過這裡強調的重點是：你原本就有另一半。

如果你是單身，但是過年後卻發現夫妻宮內有外遇跡象，例如你是女生，命盤原本在二〇二一年沒有任何外遇跡象，但是在二〇二二年卻出現了一個右弼，唉啊！多了一個女人，同時間你在這一年還出現了戀愛跡象，例如命宮或夫妻宮有紅鸞星，夫妻宮有桃花星化祿，表示這一年高機率會有戀愛機會，但二〇二二年的夫妻宮卻出現了前文說到的外遇跡象，例如夫妻宮有個右弼出現，表示這一年來追求你的人，自動幫你帶了一個女人來，那麼會是什麼女人讓想認識、追求你的人帶著過來呢？當然就是他的老婆或女友了（圖九十三）。

這個時候，可能就要注意這個時間點上出現的人，是否是自己可以考慮的對象，當然如果你就是打算求包養當小三，這會是好的機會，不過求包養也要看看對方的命宮或是財帛宮的天干，是否有化祿給你的命宮或是田宅宮（財庫），會給你錢了（圖九十四）。

圖九十三／2021 年、2022 年流年命盤

圖九十四／對方命盤上的命宮或財帛宮天干，造成自己命盤上的命宮或者田宅宮有化祿

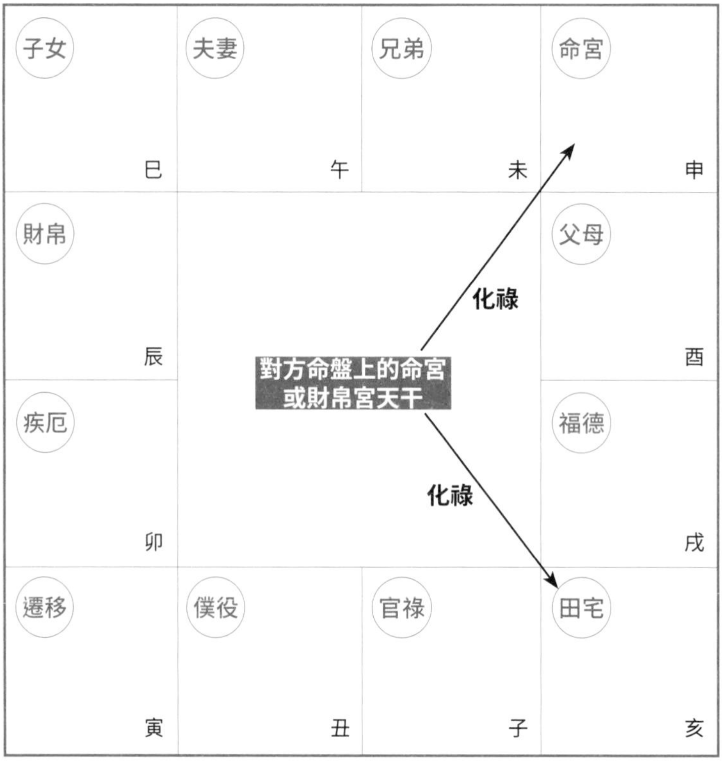

其實在實際的案例中，可能在流年命盤上看到他有外遇跡象，但是因為時間還沒到（例如他七月將會外遇，但是一月來算命），可能人都還沒出現，而且真實生活中很多第三者往往都是工作同事，剛開始也不過就是兩個人交換工作心得，某個時候才會產生一個契機，跨過那條界線。感情在這個年代來說相對複雜，兩個人各自有婚姻關係，但是一起吃飯，這算外遇嗎？法律上說不是，但這可能是外遇的開始。不過話說回來，只是吃頓飯，你就生氣，好像也說不過去，所以在討論外遇這件事的時候，通常會建議大家不要受限於字面涵義，反而要去想背後的原因，因為利用紫微斗數盤抓外遇其實很簡單（前述的條件查核一下就知道），但是抓到之後呢？如果問題不能解決，抓到了又如何？

我們在情感上常出現的問題就是認為感情穩定之後，就不再經營感情，這跟開店生意穩定之後就不再照顧店一樣，所以最後還是會遇到生意不好、店倒了。因此，找到兩個人的問題才重要，透過命盤找出真正的問題點，是因為這個人本來情感就豐沛，需要不斷找新鮮感（命宮夫妻宮滿滿桃花星還加化忌）？或是因為時空環境給了他這個機會？或是你們之間根本就有問題，只是他不敢拒絕你跟你分手呢？這些都能從命盤去了解兩個人的問題，另一方面也要注意時間的概念。

紫微斗數的優點就是有著代表時間轉動的運限盤，所以可以透過運限盤的分析，知道現在的時間狀況，隨著時間推演了解事件發生的進度，如此一來就可以在發現問題時先解決兩個人的問題，順便在事件發生前加以阻止，例如今年老公有外遇機會，就要把他看守好，降低他的勇氣（愛情是需要勇氣追求的，姦情更需要）。不過如果這個人天生勇敢愛玩，通常我們也會建議，就放生吧！畢竟野獸是無法馴服的，除非你是馴獸師。否則拿不起鞭子就果斷放生吧！把他關著，你累，他也累。

附　錄♡

愛情的酒都不會退：命理愛情經典案例

感情的問題，最不能感情用事

長時間追蹤我或是我的學生都知道，其實我很不愛算命，因為學會了解自己，幫自己解決問題，才是一個好方法，尤其是關於愛情的議題。

如果命理推測的是工作、財運，這類問題因為客觀理性的層面居多，大多數都容易用現實客觀的角度去解決。但是愛情的問題比較困難，困難的原因在於多數人的感情受到感性與情緒影響很大，但是當感情出問題，通常很需要用理性去判斷。就像這本書裡介紹的飛化技巧，我們可能在理性層面知道自己需要的是什麼，卻會莫名地就是對那個不符合條件的人心動，這一來一往的衝突，讓自己在理性跟感性之間掙扎。化忌所在的位置是我們需要填補的地方，這幾乎是一輩子無法停止的狀態（跟減肥是胖子一輩子的功課一樣），內心的空缺無法用理性處理，所以才需要宗教、社會價值、法律，用第三者的角度幫助我們釐清，甚至是協助逼迫自己做出脱離情感的判斷，無論你願不願意，命理學的目的也是如此。所以，當大家知道紫微攻略這次的主題是愛情時，跟我比較熟識的人都笑稱這會不會是一本滿滿的勸人分手的書，其實我寫的應該是分手攻略，因為「人不對就分手」是我對前來諮詢愛情的客人一貫的唯一解答。因為酒店打烊，我們就該走了。

在教學上，我也一直提倡，無論是哪個議題，都需要先了解現實生活中這個問題的本質，而不是一味地在命盤上打轉。破軍在夫妻宮的就會二婚，其實貪狼也會，天同也會，太陰、太陽都會，事實上依照台灣的離婚率，大概每個星曜都會離婚。看到破軍就説會離婚，看到天相就説會離婚，這基本上是很不負責任的論點。這樣的論點當然符合市場需求（因為大家只想知道一個簡單直接的答案），以及大多數命理師習慣性的恐嚇行銷，還有那種買兩本書看一下就説自己會算命的江湖術士，這些其實都潛在地造成了我們在兩性關係上的問題。而這樣的問題也不是出現在命理師身上而已，就像許多宗教提倡禁止婚前性行為，就算撇開道德綁架這種低俗行為不説，沒試過，如果不合，是要讓那對夫妻痛苦一輩子嗎？

為何命理諮詢中有七成都是問感情，就是因為當自己在情緒爆發時，往往無法理性思考，只希望得到一個支持自己、為自己想法背書的答案，忽略了兩個人在一起是多元化組合，需要湊足各方面條件才能走得長久，絕不可能是一句「我付出那麼多他卻不愛我」可以概括的。如同前文所說，化祿是給予對方好處，但是對方不見得要接受，或因為你的好而愛你。那個喊著「我對他很好但是他不愛我」的人，可能也曾有過別人對他很好但是自己覺得很煩的心情，只是角色互換後，他卻無法理解了。

愛情如同兩個人一起玩蹺蹺板，蹺蹺板要好玩，一定要兩個人一來一往，我坐下去讓你被高高抬起，讓你看到上面的遼闊視野後，你也用力坐下，換我可以被高高抬起。如果只是單方面一個人坐下，永遠舉起另外一個人，那位高高在上的人只會看到開闊的世界，卻永遠看不到在下面撐起他的人，久而久之這個遊戲自然就不好玩了。愛情的蹺蹺板一定要是兩個默契相合以及願意為彼此付出的人才玩得起來，缺一不可，只要缺少一個條件，這個遊戲就結束了。那麼結束了該怎麼辦呢？就找下一個吧！公園裡一定還有另一個符合條件的人，雖然不見得好找（例如我這種重達0.1公噸的胖子就比較難找到對手），但是找到適合的對手，遊戲才能玩得久，任何勉強其實都有崩壞的一天。

為何我個人尤其不愛算愛情的問題，因為有這類問題的客人通常命盤上就是有某幾個條件：陀羅在命宮或夫妻宮（讓他在決定事情的時候裹足不前，躊躇不已）；命宮、夫妻宮化忌（容易造成無限的空缺感），這在本命盤是一直有機會，運限盤則在那個時間內會如此，再搭上各類容易變動的星曜，或者搭配上文昌文曲這樣重視思慮的星曜，就容易在情感問題上淪陷到情緒之中，忘記感情是如同一間需要經營的公司。我們可以愛那間公司，因為那個事業是自己的夢想，但是在實際打理時卻需要理性跟冷靜的判斷；我們可以愛那個人或者愛自己的愛情價值觀，但是無論你要愛一個人還是一百個人，都需要有很好的理性溝通跟打理能力，絕對不是感情用事，如果只是感情用事，無論是事業或愛情，最後往往都是要賠錢了事。

無奈的是我們都知道愛情像蹺蹺板需要有來有往，只是現實中常常忘記，或是忍不住失去自我。在本書的最後，我用幾個命理生涯中接觸到比較特殊的案例，跟大家分享如何在愛情的世界中找到自己的定位，希望本書讀者不要再受到各類奇怪的外力影響（奇怪的宗教論點、迂腐的傳統道德觀、不學無術的命理師、群眾壓力等等），能夠真正找到自我，因為唯有找到自我，了解自己要的是什麼，才能夠歸於自己的愛，而且給在對的地方，讓自己也能夠獲得期待的愛情。

案例1 外遇十三年的好老婆

這是八年前我剛開業時遇到的故事，那時候我沒有客人也沒有學生，我只是默默地在部落格寫文章，闡述對命理的看法，有天接到一則私訊，問我大限夫妻宮有魁鉞夾（圖九十五），是不是表示不會離婚，但過了大限這段時間就會離。

圖九十五／大限夫妻宮有天魁、天鉞夾

大限兄弟宮 天鉞 巳	大限命宮 午	大限父母宮 未	大限福德宮 申
大限夫妻宮 辰			大限田宅宮 酉
大限子女宮 天魁 卯			大限官祿宮 戌
大限財帛宮 寅	大限疾厄宮 丑	大限遷移宮 子	大限僕役宮 亥

我回答她：「這不表示不會離婚，只能說這段時間的婚姻關係上有人幫忙維持，看起來這十年雖然不會離婚（因為那個盤並沒有離婚跡象），但是如果這是你的盤，這段時間內你應該一直都在外遇。」這個粉絲說，確實如此，多年來她一直處在外遇狀態，也為此感到困擾，所以才接觸命理。但是每位老師看到盤，都說她的本命夫妻宮是太陰天同，是個好老婆，而且命宮跟夫妻宮在旺位（P.356 圖九十六），就算用大限夫妻宮來看，也有天魁天鉞在夫妻宮兩旁（如圖九十五），有人幫忙，感情一定沒問題，但現實情況卻是她一直在外遇狀態。因為在命理上得不到答案，所以她開始轉向宗教尋求答案，殊不知在加入某個宗教團體後，師姊知道她外遇長達十三年，從此覺得她就是個十惡不赦會下地獄的妖豔賤貨，一直跟她說要多念經，要布施錢財，否則以後會下地獄，導致她相當不安跟害怕，也覺得很對不起老公。某一次因緣際會看到我的文章，發現我的論點比較不一樣，才發訊息問我。

我先問她：「現在還外遇嗎？應該已經沒有了吧？」她說對，因為覺得對不起老公，也覺得自己不再需要另外那份感情，所以雖然沒有明說，但是已經漸漸不跟對方聯絡，只是因為師姊一直說她以後會下地獄，所以她很害怕，同時間也訝異於為何我直接說出她有外遇。

我跟她說，或許那位師姊的老公曾經背叛她，所以她對這樣的行為很不齒，否則真正的出家人修行者不該這樣說別人，即使你有某個層面的道德瑕疵，那也是你的問題，真有輪迴，也輪不到她來說嘴。每個人來到人世間都是要修行的（不然來幹嘛），本來就要做好事多布施，跟你是否外遇沒有關係，我可能也要為小時候長達十年的偷吃來贖罪（小時候一直偷吃隔壁早餐店的荷包蛋）。

接著我問她：「你應該很愛老公，這十多年來還幫他創業，為他生了兩個小孩，照顧孩子長大，對吧？」她說對。我繼續說：「外遇是因為妳老公無法滿足妳，妳在工作跟家庭壓力下，需要有人滿足妳的身體，才有了外遇，不過最後總是帶著愧疚，因此很努力地幫忙老公建立事業。另外，公公對妳很好，讓妳覺得有被照顧的感覺，有家的感覺，彌補了小時候沒有父親照顧的缺憾，所以妳即使外遇，卻一直沒有離開。」她很訝異地說：「確實如此。」

我跟她說，絕大多數的命理師不會做出這樣的判斷，是因為他們覺得一旦外遇就會離婚、感情很好就不會外遇，但其實人是很複雜的。太陰天同在夫妻宮，太陰還是旺位，命宮是巨門太陽，這確實會是傳統觀念上的好老婆，在感情上會照顧對方，也會細心地為對方照顧好家庭，所以這樣的論點並沒錯，只是只看本命盤並無法精準地推斷現象。這位客人的本質是不變的，所以即使外遇了，內心還是好老婆。至於大限夫妻宮出現的魁鉞夾，那表示在大限的兄弟宮（另一半的爸爸）有天鉞，也就是公公很懂得照顧人，像個溫柔細心有耐心的女性長輩一樣。子女宮（家庭外面或者說性生活）有天魁，在性生活上有另一個男人來照顧。（當然這些都還要具備前文說的那些外遇條件，因為子女宮天魁也可以解釋成另一半在性生活上比較有經驗，懂得照顧她。不過從命盤推測，她的老公應該是性方面比較弱，所以這個天魁可能是另一個男人）。在這樣的情況下，雖然本命的子女宮因為運限關係產生化忌，造成這十年很需要性的滿足，但是並沒有打算要離開這段婚姻（本命盤加上大限盤，原本的空缺得到彌補），現在開始改變想法，是因為換了大限，狀況改變之後心情改變，性對她來說不再重要，因此準備離開外遇對象，那個本命盤的好老婆特質一直希望為自己這十年外遇找一個合理的理由。

最後她問我，她會下地獄嗎？我說我沒去過，我的年紀比較大，等我先去了，晚上有機會爬回來點鬼火再跟她說到底有沒有地獄。

我跟她說，有沒有地獄我不知道，我也不知道會不會因為身體沒有專屬於老公就該上刀山下油鍋（這個我真的不知道，因為下地獄的規則一直在改，要是早個幾百年，可能現在滿街穿短裙的女人都要下地獄，不然至少也要在門口被丟雞蛋罵蕩婦，所以目前地獄規則如何，我實在不太清楚），但是我知道她的老公因為她，從一個書讀得不多的工人，一路成為一間小鐵工廠的老闆，有房有車，還有兩個可愛的孩子。以及這十多年來為了他放棄生活優渥的原生家庭，和他一起奮鬥的好老婆，甚至還沒嘲笑他的性能力，每次都好好稱讚他（畢竟子女宮有天魁，這也是在性生活態度上會扮演好人的意思），除了身體不是他專屬，一直以來做的可能比世上大多數的老婆都還要多，那麼這樣的人真的該下地獄嗎？

後來她成為我當年剛出道，沒沒無名，甚至被同行恥笑連師門名稱都說不出來，沒資格在命理界的小命理師，第一個班級的學生，那個班只有四位學生。其實我知道，她遠在彰化，身為老闆娘的她根本沒空上課，只是因為知道我當年沒有知名度，連個學生都招不到，所以支持了一下。因為跟我聊完以後，她不再擔心自己會下地獄了，因為無論會與不會，她的心已經坦然，她也知道她往後跟老公的感情會越來越好（還好有她，否則當年我差點連房租都付不出來）。

圖九十六／本命命宮巨門太陽、本命夫妻宮太陰天同，皆在旺位

本命田宅宮 大限兄弟宮 紫微七殺 天鉞 丁巳	本命官祿宮 大限命宮 戊午	本命僕役宮 大限父母宮 己未	本命遷移宮 大限福德宮 庚申
本命福德宮 大限夫妻宮 天機天梁 丙辰			本命疾厄宮 大限田宅宮 廉貞破軍 辛酉
本命父母宮 大限子女宮 天相 天魁 乙卯			本命財帛宮 大限官祿宮 壬戌
本命命宮 大限財帛宮 巨門太陽 甲寅	本命兄弟宮 大限疾厄宮 武曲貪狼 乙丑	本命夫妻宮 大限遷移宮 太陰天同 甲子	本命子女宮 大限僕役宮 天府 癸亥

案例2

一生追求婚姻的人生勝利組

人生一定要結婚嗎？結婚以後感情就不會有問題嗎？雖然現實生活中，一個人在離婚之後通常對婚姻避之唯恐不及，但是也有人仍一直想結婚。在我開業後，勉強付得起房租，偶爾向親戚借錢周轉還養得起小孩時，我遇見一位很想結婚的客人。當時是帶著涼意的秋冬之際，一個身穿短裙網襪，胸口鈕釦開到第三顆，凸顯豐滿的上圍，身材火辣得讓人不知眼睛該放哪裡的貴婦，雖然看得出來稍有年紀，但非常盡力維持自己的美貌。儘管當我看到她63歲的年紀，還是為她的外表感到驚嘆。

更讓我驚嘆的是，她開口第一句話就是：「老師，我是某某某介紹來的，快幫我看看，我何時可以結婚？」

即使只看到命盤的年紀，還沒仔細看命盤的情況，我的內心也不禁浮出問號：「啊，你還想結婚喔？」

仔細看了她的命盤後，她才剛在五十多歲結束了第四次婚姻，也就是說，她已經結婚四次，離婚四次，更有趣的是每一次離婚她都會拿到一大筆錢，讓她越離越有錢。這個命盤後來幾乎是我們學會上夫妻宮內容時必看的案例，通常我會問同學，為何她要一直離婚跟結婚？是學生只要聽到她每次離婚都能拿到錢，都會直覺地說是因為要騙錢。即使我補充說明她每次離婚都是因為外遇被抓到，大家仍覺得她結婚是為了要騙錢。可有誰會為了外遇劈腿的老婆付錢離婚呢？或者說如果是為了騙錢，誰還敢外遇呢？要也是想辦法讓老公外遇，然後敲他一筆吧！但實際上卻是這個火辣的姊姊（或阿姨）自己外遇。好吧！阿姨這麼火辣，追求者多，忍不住外遇，這也合理，但是一個一直外遇的人幹嘛要結婚呢？怎麼不好好享受愛情就好，愛怎麼換就怎麼換，而且也無法確保每次被抓到都能拿到贍養費啊（拿一次就不容易了，何況還一直拿）！

實際上從命盤來看，她的命宮坐廉貞貪狼跟紅鸞，從第二大限到第五大限，每個大限的夫妻宮都有結婚跟離婚的跡象，同時也有外遇跡象，所以很精采地一路結婚離婚不斷。問題是，在現代的兩性關係中，愛一個人不見得需要結婚，社會的開放讓我們在感情上有多種選擇。所以我告訴她，現在應該就有很多人追啊，談戀愛當然沒問題。結果她再度強調想要結婚，那些追她的人也都告訴她，開心在一起就好，不必非得要結婚，但她堅持要問何時可以結婚。

檢查命盤才發現，她除了本命具備極好的桃花，每一個運限都桃花滿滿，而且每個靠近她的男人非富即貴。她具備天生的姿色與魅力（六十多歲還可以這樣打扮，一定是從小就知道自己具有很好的外在條件。就像我很早就知道自己不用買什麼名牌，反正也是糟蹋），每個運限盤的情況也都相當好，卻也因為這樣，她的感情總是太過豐富，即使結婚了也不乏追求者（豐富的程度大概就是前文提到會外遇出軌的那些條件都滿點具備），但是這卻無法讓她對感情安心。一般來說，通常是沒得吃才會痛苦，但是即使像這樣近乎愛情自助餐永遠吃不完的人，她也很痛苦，因為她的子女宮有顆文昌星（田宅宮的遷移宮，內心對家的想法）——代表家庭觀念態度的田宅宮與子女宮剛好暗合了她的命宮與遷移宮（圖九十七）。

圖九十七／命宮／遷移宮暗合田宅宮／子女宮

這表示，對於家庭，她有很傳統保守的價值觀，並且一直默默地影響著她，讓她希望每一段感情都能正式走入家庭，而不只是兩個人同居。家的內心世界（子女宮）有顆文昌星，表示她認為家庭的組成，需要像文昌一樣具備規則和嚴謹，因此對她來說，只要是感情，最後就必須正式成立家庭，兩個人在一起應該就要有個穩定的家。只可惜因為她自身條件太優異，追求者的條件往往也不差，即使結婚娶了美嬌娘之後，外面還養著二娘跟三娘，而重視家庭的人只要發現自己對家的規範被破壞，加上身邊的桃花滿滿，有另一個男人會給予承諾，給自己一個家時，她還是每次都願意相信，於是外遇了。即使與不同的男人來往分合幾十年之後，已經疲累，但是本命的價值觀依然影響著她，她還是期待能夠有個完整、合法的家庭。

其實絕大多數前來諮詢愛情問題的人，幾乎都是希望能找個心靈療癒，她也不例外。她跟我說了如何在一次次的婚姻內感到失望，又一次次希望可以找到一個對的人，加上各種命理師、宗教老師對她命盤的批評，說她一輩子不會有好姻緣，甚至說她就是狐狸精（這有很高機率是女老師，看命主的打扮跟身材直接就說她是狐狸精），還說她是潘金蓮轉世。沒辦法，有太多書籍跟老師對於廉貞貪狼同宮在命宮或夫妻宮的組合，會說那是「廉貪陷陷」（那個位置廉貞跟貪狼都在落陷的位置。

早期的紫微斗數起源自印度占星，星盤上的星曜會有所謂亮度差異，以中文來說就會被分為廟、旺、平、落、陷，就像前文提到太陽在旺位，是指太陽在比較亮的位置上），就開始批評落陷的星曜，何況是一個花心淫亂的星曜組合還在落陷的情況，這人一定對感情非常不忠貞。事實上當然不能這樣解釋，先不說現在早就有共識紫微斗數不再是占星學了，因為它結合了易經跟奇門遁甲，早就脫離了只是星盤的概念；那麼星曜的亮度是否還具有這麼大的影響力？這裡需要考慮的是其實星曜的亮度不強，也只是相對於自己這顆星曜在亮度強的時候，發揮出來的力量比較弱而已，如果廉貪是個不好的組合，那亮度比較弱不是也滿好的嗎？至少做不了太大的壞事啊！更別說這個組合如果甲年生廉貞有化祿，形成一個好的廉貞清白格，搭配上貪狼，其實這個人的能力不錯。所以這當然又是一個被錯誤解讀的命盤。不過，客觀來看她現實的經歷，也確實可以被視為蕩婦吧，怎麼可以到處劈腿呢？而且還一直劈一直劈一直劈。問題是，如果生命的價值只是這般單面向的價值判斷，命理師（或者說命理學）要如何幫助別人呢？

這個命盤的組合我只會解讀成：她比別人更願意爭取自己的慾望。當心裡的期待不復存在時，就會願意打破一般社會規則，尋找更多機會，這樣的態度或許在傳統的價值觀下就成了不守婦道吧！但很奇妙的是，這張盤只要在課堂上分享出來，大家都會從一開始的讚嘆，到最後覺得根本是人生勝利組，因為四個男人四段婚姻為她帶來了四個不同的人生選擇跟眼界。她有非常好的藝術眼光，因為第一任是她的學長，而他們是藝術學院學生。她也有很好的金融觀念，因為第二任老公是投資銀行家。她也燒得一手好菜以及有很好的應酬能力，因為第三任老公是社會團體領導人，需要許多應酬，因此廚藝精湛的她，可以招待老公的朋友。而第四任老公是建商老闆，教會她如何炒房累積資產。她的財富或許稱不上富豪等級，但絕對是財富自由的，幾乎所有四十歲以上的女同學有志一同地說：這根本是人生勝利組！

她來算命那天，風姿綽約，眼神卻帶著沒落，覺得自己雖然桃花很多，可最後還是孤單一人。我告訴她：「少來，你根本人生勝利組耶！一定很多人羨慕。」她說是的，但是她也羨慕她的姊妹淘們，可以一直守著一個男人。後來，我告訴她三年後還有個結婚的機會，但結不結婚那是她的決定，她可以自己做選擇（我一直都是用自我選擇在看生命中的許多事件）。

無論如何，她的人生應該都是很多人羨慕的。人常常為了自己的某些價值觀而限制了想像，也因為某些社會價值觀否定了自己的人生。如果她的人生就是該遇到這些男人。（其實他們也很珍惜跟她的緣分，否則也不會給錢啊！不過離婚會不會給錢，那是另一種課題，我們在此不討論，讓愛情先單純一點），那為何要否定自己不能從一而終呢？重點是這些男人豐富她的生命，而她也豐富了他們的人生，想想那些把屎當咖哩飯，騙自己一定要吃下去，還不願意承認自己吃到屎，硬要說那是鄉村風味咖哩飯的女人們，她其實幸福多了。至於三年後她是否要結婚，那就自己決定吧！命理學是讓人找到自己的價值，活得更自在的人生指南，絕不是拿來用制式價值去綁架每一個人，讓人過得更痛苦的。

寫在最後：愛情酒退後的心聲（aka. 新生）

即使愛情方面的命理諮詢是絕大多數命理師的重要生意來源，但我特別不愛算來問愛情的客人。因為大多數的感情問題，其實都來自於自己的內心有某一些放不下的點，這些放不下的點會糾纏著我們的人生，讓我們無法做出理性的判斷，而且更多時候，我們還受到所謂社會主流價值困擾。因此每每遇到來諮詢感情問題的客戶，我總是會問他們：「他愛不愛你，難道你感受不到嗎？」很顯然地，幾乎每個客戶心裡都知道答案，只是希望從命理師的口中得到一個希望。

對方會不會回到你身邊根本是個假議題，如果他離開時絲毫不在乎你的感受，你又何必等他回來？對方會不會離開他現在的另一半，為何你沒有在決定在一起的時候就想清楚呢？各類型感情的疑問，其實都是因為人們往往不願意面對自己的內心，不願意面對真實的情況，所以即使我給予的答案常常讓人失望，甚至有客人在網路上罵我說來算命我都只是在聊天，我還是這樣做，因為我認為命理學應該是要可以幫助人找出問題、面對問題、解決問題的。要我用命理的說法給你一個希望，對我來說是幾句再簡單不過的話術，但是對你卻不會有任何實際的幫助，不是嗎？

如果我們不願意面對自己的內心，只想讓命理學成為自己人生問題的背書，那麼只會讓未來在人生路途上，無論碰到愛情、工作或是其它問題，我們都將持續陷入五里迷霧之中，既看不見來時路，也尋不著光亮的出口。命理學是可以讓人生越來越好甚至重獲新生的攻略祕笈，但前提是我們都必須有面對問題與真實自我的勇氣與理性。我誠摯地希望所有人都可以不用再找命理師算愛情，祝天下所有人都能找到自己的愛，無論是愛一個，或者很多個。

・桃花仙娘──華人文化圈桃花信仰的起源

我們學會所附設的「澄心堂」是一處提供大家心靈清淨的信仰場所，也傳遞古老正統的道法文化。其中供奉一位神明「桃花仙娘」，雖然甚少人知道，但祂可是華人對於「桃花為人緣、姻緣、財運」等信仰的起源。

許多人小時候都聽過《桃花女鬥周公》的故事，其中的桃花女就是桃花仙娘，祂可以算是華人文化中第一個正式由人轉變為神格的神明。桃花仙娘喜照顧人、細心、善良溫柔，以及具有幫助人的高強法術等特色，更重要的是，祂入世愛人，因此即使是最早的得道女神，卻沒有因為受到歷代皇帝冊封而具備政治力量所帶來的風光地位，一直默默地在鄉野民間幫助人們，尤其是女性。

桃花仙娘的信仰，可以被視為是母系社會轉入父權社會後，最早的女人的自我保護信念，這份信念轉化為一個精神強大的美麗女神，幫助世世代代的女性，可說是自古以來女性的專屬守護神。我們常說的「桃花」、「有桃花就有姻緣，有桃花就有人緣」就是源自於祂，因為祂主要是保護跟幫助女性尋找好的生命價值，當然姻緣就是其中一種，所以如果遇到渣男跟爛緣分，祂也會快快幫你斬斷。

桃花仙娘的祝福向來簡單而直接，只要你誠心誠意，即可求得。你可以帶一個小禮物送祂，換一個祂供桌前的小禮物回家，讓祂的加持與保護隨側你的身邊（通常都是香水、晶玉之類）。

這次隨著新書出版，我們求得桃花仙娘的同意，發送蓋有《澄心堂》與《桃花仙娘》福印的限量祈福卡，祝福大家招來好人緣、好桃花。

紫微攻略 5 愛情

從紫微斗數命盤看懂自己的情場攻略！

作　　者 — 大耕老師
主　　編 — 楊淑媚
設　　計 — 張巖
校　　對 — 林雅茹、連玉瑩、楊淑媚
行銷企劃 — 謝儀方

第五編輯部總監 — 梁芳春
董事長 — 趙政岷
出版者 — 時報文化出版企業股份有限公司
108019 台北市和平西路三段二四〇號七樓
發行專線 —（02）2306—6842
讀者服務專線 — 0800—231—705、（02）2304—7103
讀者服務傳真 —（02）2304—6858
郵撥 — 19344724 時報文化出版公司
信箱 — 10899 臺北華江橋郵局第 99 信箱
時報悅讀網 — http://www.readingtimes.com.tw
電子郵件信箱 — yoho@readingtimes.com.tw
法律顧問 — 理律法律事務所　陳長文律師、李念祖律師
印刷 — 勁達印刷有限公司
初版一刷 — 2022 年 8 月 12 日
初版二刷 — 2022 年 10 月 14 日
定價 — 新台幣 450 元

紫微攻略 . 5 : 愛情 / 大耕老師作 . -- 初版 . --
臺北市 : 時報文化出版企業股份有限公司 , 2022.08　面；　公分
ISBN 978-626-335-753-2(平裝)
1.CST: 紫微斗數

293.11　　111011758

時報文化出版公司成立於一九七五年，並於一九九九年股票上櫃公開發行，於二〇〇八年脫離中時集團非屬旺中，以「尊重智慧與創意的文化事業」為信念。